「15」の自覚「18」の自立

早稲田アカデミー 中学受験を決めたその日から

サクセス12

CONTENTS

今月号の表紙

写真◉田中庸介

人と最先端の科学技術が大活躍!?

大和ハウスグループが提案する
次世代物流施設

今では当たり前となっているインターネットを利用したモノの売買（以下 ネットショッピング）。

その歴史は1990年代後半ころから始まったといわれています。

その後、わずか20年ほどで、国内はもちろんのこと、
海外の店舗で販売している商品でさえ、簡単に自宅に取り寄せることが可能になりました。

最近では今日注文したものが翌日に自宅に届くことも普通になってきたようです。

では、なぜ、そんなに早く商品が届くのでしょうか？

今回は、その秘密を探るために、大和ハウスグループが取り組む『次世代物流施設』について、
グループの1社、株式会社フレームワークスの秋葉淳一さんに伺いました。

〝物流〟とは

〝物流〟とは、生産地や工場から消費者のもとへ、迅速かつタイムリーにさまざまな〝モノ〟を届けるための仕組みのことです。

まず、〝モノ〟は生産地や工場から一時的に保管するための施設「物流施設」に運ばれます。そこで〝何がどこにどれくらいあるのか〟といった在庫管理を行いながら保管されます。そして、注文にしたがって梱包され、その荷物がトラックなどの配送手段を使って消費者のもとに届けられるのです。

大和ハウス工業株式会社と〝物流〟

大和ハウス工業は、1955年の創業以来、マンションや一戸建てなどの住宅、工場や医療・介護施設、オフィスなど、多くの建物の設計、施工に携ってきました。物流施設もそのひとつで、これまでに3000棟以上を建築しています。

さらに大和ハウス工業では、2002年以降、お客さまから依頼された物流施設の設計や施工はもちろんのこと、特定のお客さまに対し、物流施設に適した場所の提案から維持管理に至るまで、製品の特徴に合わせたオーダーメイド型の物流施設（BTS型物流施設）をコーディネートする物流プロジェクト『Dプロジェクト』をスタート。現在では、BTS型物流施設だけでなく、立地条件の良い場所に複数のテナントが入居可能で短期的な物流ニーズにも迅速に対応できるマルチテナント型の物流施設も手掛けるなど、全国で231か所、総敷地面積約700万平方メートルの物流施設の開発に携わっています（2019年7月31日現在。施工中を含む）。

国内最大級の大型物流施設『DPL流山』

現在、大和ハウス工業では、これまで培ってきた〝物流〟に関する知識やノウハウを最大限に生かすことができれば

と、千葉県流山市に計4棟のマルチテナント型物流施設の開発を進めています。
＊DPLはディープロジェクト・ロジスティクスの略

DPL流山Ⅰ
敷地面積：66,580㎡／延床面積：151,368㎡
着工・竣工：2016年7月・2018年3月
DPL流山Ⅱ
敷地面積：60,662㎡／延床面積：120,802㎡
着工・竣工：2021年3月(予定)・2022年11月(予定)
DPL流山Ⅲ
敷地面積：53,937㎡／延床面積：122,064㎡
着工・竣工：2019年4月・2020年7月(予定)
DPL流山Ⅳ
敷地面積：135,592㎡／延床面積：322,226㎡
着工・竣工：2019年9月・2021年10月(予定)
※「DPL流山Ⅳ」の延床面積は
大和ハウス工業最大で、東京ドーム約7個分

ポイント❶
首都圏に向けた物流の集約拠点

常磐自動車道「流山インターチェンジ」から約2.7キロメートルの場所に位置することから、首都圏はもちろんのこと、東日本全域にアクセスが可能。また、成田国際空港や東京国際空港といった空路や東京港などの海路へのアクセスもできることから、国内外への物流をカバーできるだろうと期待されています。

ポイント❷
働く場所から住まいまで提供する〝DPL流山プロジェクト〟

『DPL流山』は、国内外へのアクセスの良さだけではなく、子育て世代が多く住む住宅地に隣接していることも大きな特徴のひとつです。そこで大和ハウス工業は、その特徴を最大限に生かすことを目的に、働く場所から住まいまで提供する〝DPL流山プロジェクト〟を展開しています。

具体的には、働く方が『DPL流山』に通勤しやすいよう、大和リビング株式会社が近郊にある賃貸住宅の情報を提供するとともに入居時の諸経費を優遇。さらに、子育て中の方が働きやすいよう、事業所内保育事業を展開する株式会社ママスクエアと提携し、『DPL流山』の4棟それぞれに託児スペースを設置する予定です。さらに、ママスクエアは、託児スペースを利用する方々に対し、働きたい時期や時間に合わせて働けるよう、複数のテナント企業の繁忙期や繁忙時間に人材を派遣する「マルチ派遣」も実施する予定。この〝DPL流山プロジェクト〟は、問題化しつつある物流業界の人手不足解消に役立つのではないかと、業界全体から注目を浴びています。

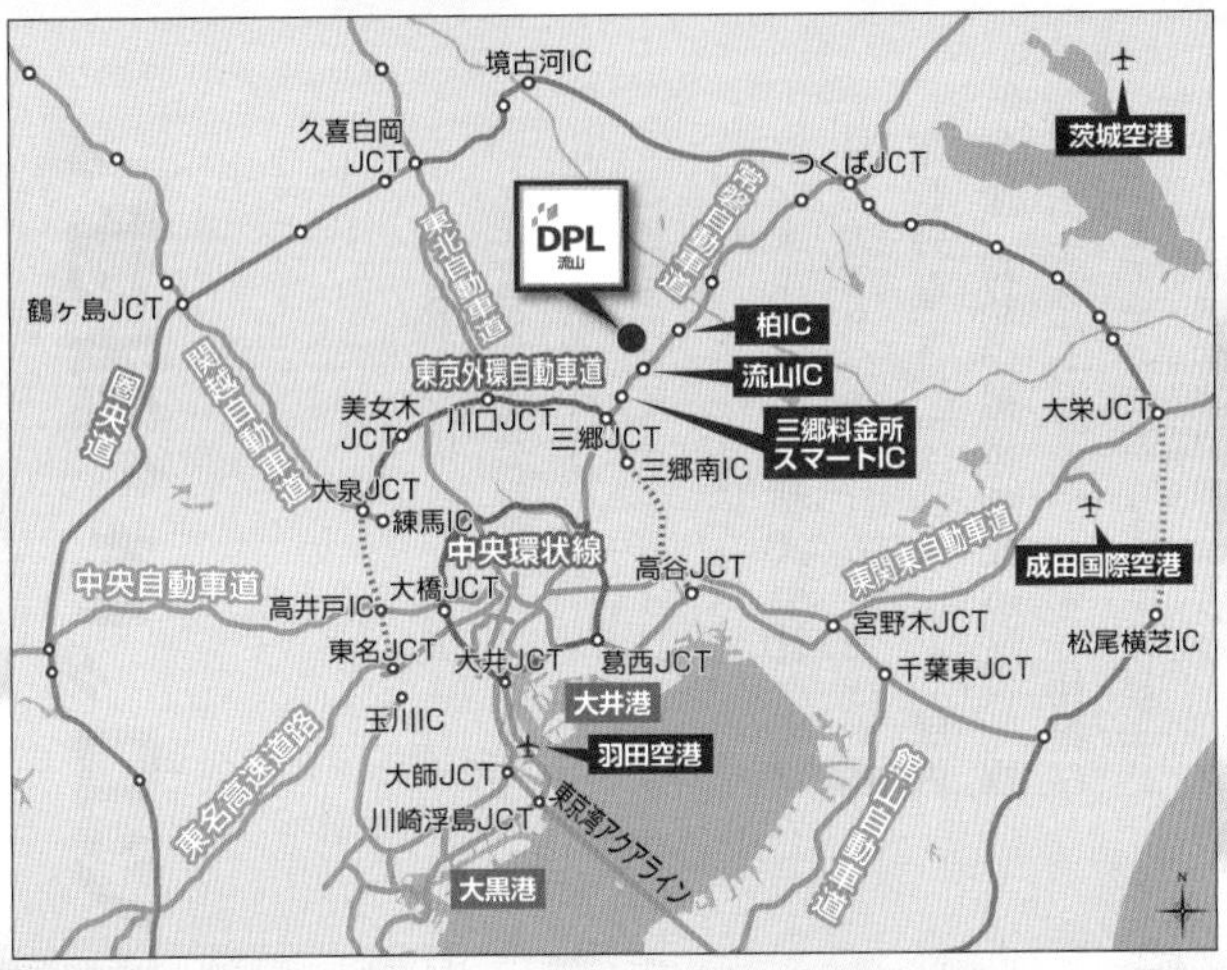

ポイント❸
AI・IoT・ロボットを活用した「Intelligent Logistics Center」を導入

『DPL流山Ⅰ』の2階部分では、株式会社ダイワロジテックによる「Intelligent Logistics Center（インテリジェント・ロジスティクス・センター）」が導入されています。

これは、AI・IoT・ロボットを活用することにより、物流が抱える労働力不足を最新設備によって効率化・自動化を図るための取り組みで、ダイワロジテックが物流施設や作業員、AI・IoT・ロボットなどの設備やシステムなどをトータルで提供。複数の企業が物流サービスを利用した分だけ料金を支払う仕組みになっています。

〝物流〞を〝ロジスティクス〞へと進化させるために

――『DPL流山Ⅰ』に導入されている「Intelligent Logistics Center」について教えてください

「Intelligent Logistics Center（インテリジェント・ロジスティクス・センター）」とは、株式会社ダイワロジテックが手掛ける受発注や在庫管理などのマネジメント、庫内作業、荷物の搬送・輪配送など、〝物流〞のすべてをサポートする仕組みのことです。この「インテリジェント・ロジスティクス・センター」を導入すれば、AIやIoT、ロボットなどを駆使することで、現在、多くの物流施設が抱える悩み、人材不足・人件費や輸送費の高騰・設備導入コストなど、あらゆる問題を解決できると考えています。

というのも、これまでの物流施設は、〝モノ〞を箱単位で取り扱うことを前提に設計されていたため、箱をいかに効率良く保管し、スムーズに運び出すかが重視されていました。ところが、最近のようにネットショッピングが盛んになると、これまでの物流施設ではうまく対応ができなくなり始めました。なぜならネットショッピングで買い求められる商品は大半が1個単位で、しかも複数の種類をさまざまな保管場所から集めて箱詰めしなければならないからです。1箱に商品が12個入っているとすると、箱単位ならば1度で済む運び出し作業が単純計算すれば12倍になってしまうのです。

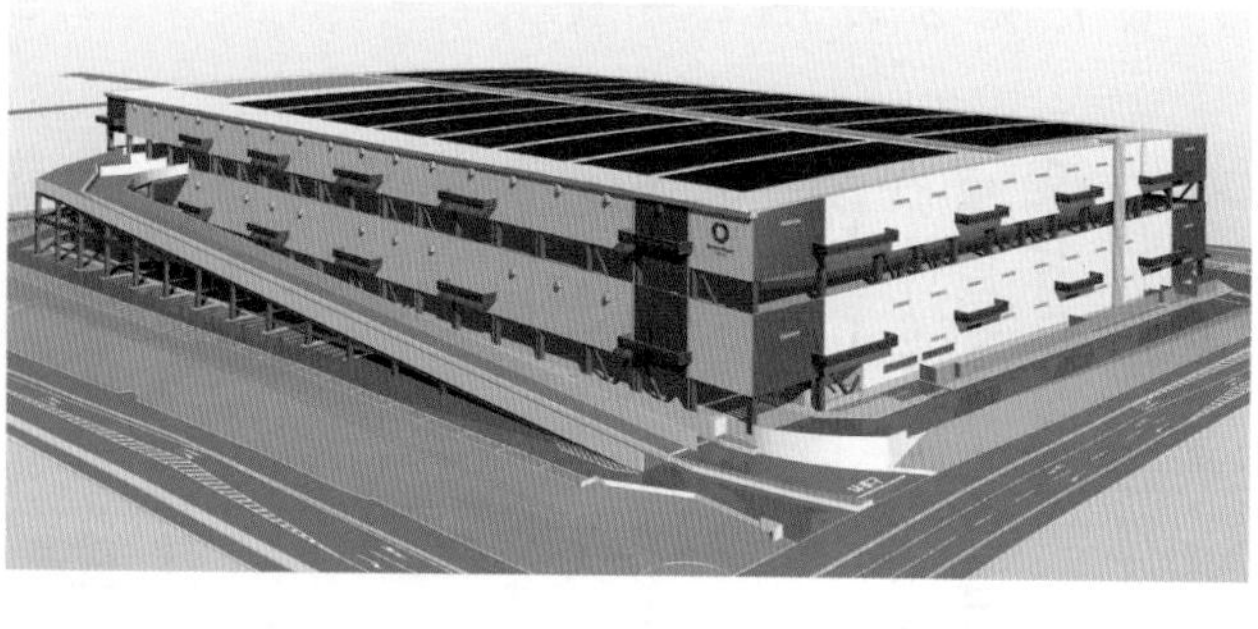

また、「荷物を配達する」という点でも、販売店と個人に送る場合では異なります。販売店であれば箱単位で取り引きするため、1度の配達で1日に売れる以上の商品を届けることができます。しかし、個人を対象とするネットショッピングの場合、そのシステム上、購入した人が希望する時間までに商品を届ける必要があり、基本的には翌日、遅くても数日後には届くことが大前提です。なかには「午前中に注文すればその日中に配達可」とするネットショッピングサイトもありますから、求められるスピードは販売店に配送する場合とは比べものになりません。

そこで大和ハウスグループでは、これまでのように単に〝モノ〞を運ぶ＝〝物流〞ではなく、今の時代に適した「必要な場所に必要なだけ、必要なときに届ける＝〝ロジスティクス〞」に対応できればと、物流業務の効率化・省人化・自動化を実現するための次世代物流ソリューションとして「インテリジェント・ロジスティクス・センター」を誕生させたのです。

――「インテリジェント・ロジスティクス・センター」とこれまでの〝物流〞との違いを教えてください

基本的な流れについては、これまでの物流施設で行っていた「入荷」→「保管」→「マネジメント（受発注・在庫管理）」→「作業（商品選びや包装など）」→「出荷」→「配送」の流れに違いはありません。

大きく違うのは、それぞれの分野への携わり方です。これまでの物流施設では、施設を利用する企業で物流業務を担うか、専門業者に委託するしかありませんでした。それに対し、「インテリジェント・ロジスティクス・センター」は、ダイワロジテックを核に、それぞれの分野を得意とする5社がチームを組み、施設を利用する企業にとって最適な〝ロジスティクス〞をトータルで提供することが可能です。

――なぜ、複数の会社で分業するのですか？

それぞれを得意とする専門企業が集まることで、より効率的に、より良いサービスを提供したい――。そう考えたからです。

そういう意味では、これからも「インテリジェント・ロジスティクス・センター」を向上させることができる新しい技術があれば、進んで業務提携や資本提携をする予定です。実際、「インテリジェント・ロジスティクス・センター」のデータを公開することで、常に新しい提案を受け入れる体制を整えています。また、2016年から物流ロボットを最適に動かすプログラミングコンテストを毎年開催しているのも、新しいアイデアをより多く受け入れられれば、と思ってのことです。

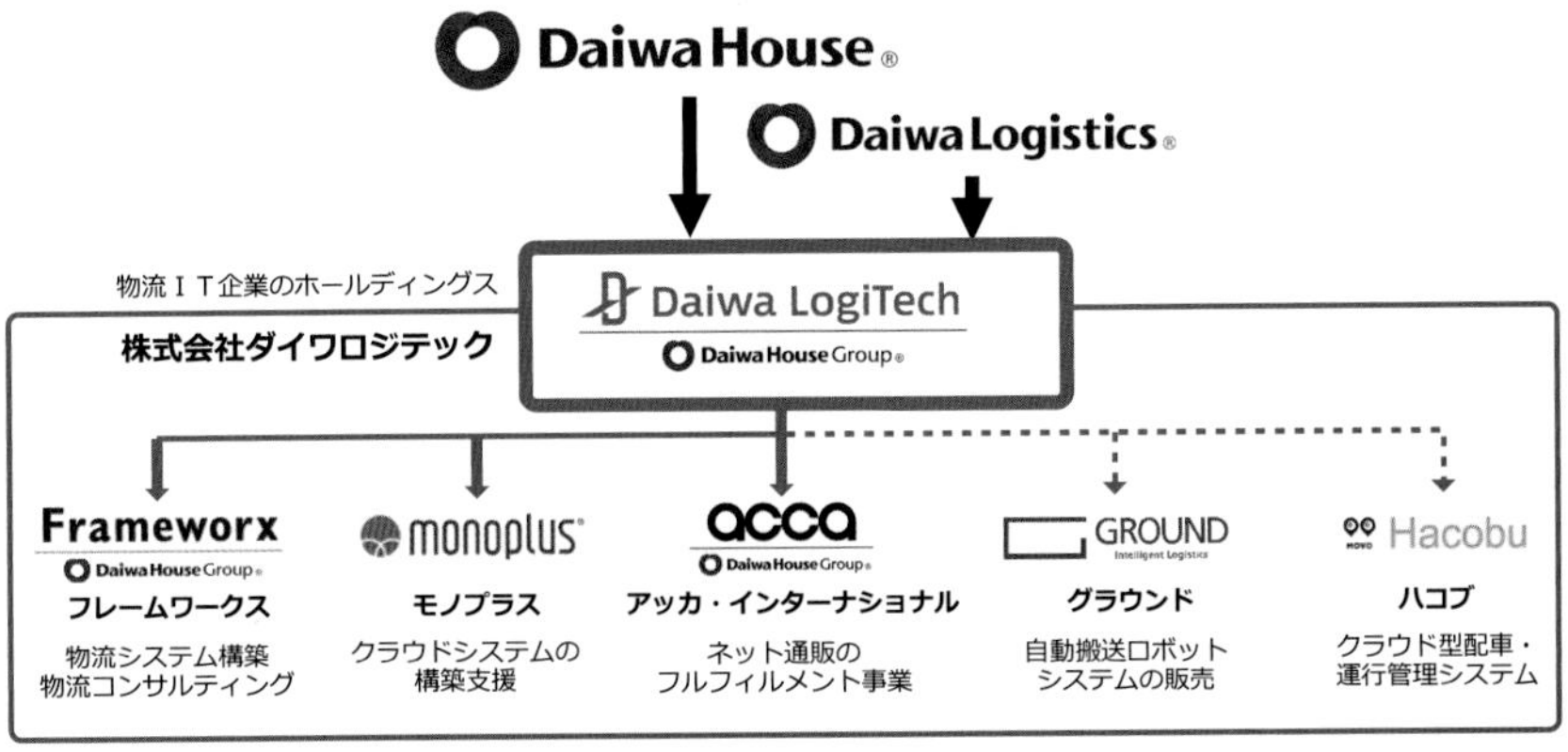

――「インテリジェント・ロジスティクス・センター」を活用した場合のメリットは？

ひとつは、誰もが働きやすい環境が整うことです。これからの時代、日本は少子高齢化が進むだけでなく、人口そのものが減少していきます。その結果、必然的に労働力人口（満15歳以上で労働する意思と能力を持った人）も減少し、今以上に働きたい人が働く場所を自由に選べる「売り手市場」になるといわれています。さて、そのような時代になったとき、物流業界は働く場所として選んでもらえるのでしょうか？　重いモノを運ばなければならない、夜間作業がある（出荷頻度が高いものを出口に近いところに置く作業など）、体力的に非常に大変な仕事である……、というイメージを持たれている方が多いのではないでしょうか。しかし、「インテリジェント・ロジスティクス・センター」を導入すれば、床面を移動するGTP型ロボットが可搬式の棚の下に潜り込み、仕事をする人に棚ごと商品を届けてくれます。また、夜に行っていた商品の置き場所の変更もロボットが代行してくれます。つまり、男性はもちろんのこと、子育て中の女性でさえも気軽に働ける環境をつくり出すことができるのです。

そして、もうひとつのメリットは、他社と〝ロジスティクス〟をシェアリングできる可能性があることです。シェアリングといえば、カーシェアであったり、シェアサイクルであったり、身近なものもシェアする時代になってきました。それは、社会全体の無駄を減らすことにも大いに役立つことです。〝ロジスティクス〟の世界でのシェアリングには、まだまだ課題も多くありますが、「インテリジェント・ロジスティクス・センター」がその中心となれるように日々努力を続けています。

――これからの目標をお聞かせください

まずは大和ハウス工業が手掛けるマルチテナント型物流施設に「インテリジェント・ロジスティクス・センター」を導入していく予定です。そして、いずれは他社の物流施設にもサービスを提供することで、働きやすい環境を業界全体に広めたいと考えています。

今後、どんなにAIやロボットが発達しても、返品された商品を点検したりする作業など、経験値だけでは解決できない、判断できないことにはどうしても〝人〟が必要です。だからこそ、〝人〟がやらなければならないことと機械ができることを明確にし、少しでも〝人〟が精神的、肉体的、そして、金銭的にも働きやすい環境を整える――。これが実現すれば、物流業界に多くの優秀な人材が集まってくるはずです。

――子どもたちに向けてのメッセージをお願いします

私は大学で〝ロジスティクス〟や〝物流〟について学んだことはありません。大学では土木工学を学び、その知識を生かせればと某ゼネコンに就職しました。ところが、プロフィールを見ていただくとわかるように、現在に至るまで、一度も土木関係に携ったことはありません。しかも、本格的に〝ロジスティクス〟について携わったのもいまから15年ほど前からのことで、それまでは多種多様な事業に取り組んできました。もしも、「制御コンピュータなんてわからない」と逃げ出していれば、今の私は存在しないでしょう。生産管理システム、サプライチェーンマネジメントについても、新しいことに取り組めるおもしろさだけで必死に勉強し、それぞれで成果を上げてきました。そして、その経験があったからこそ、「インテリジェント・ロジスティクス・センター」を創造することができたのだと思っています。

人間というものは、経験したことをもとに発想したり、創造したりするものです。ぜひ、いろいろなことに興味を持ち、たとえよく知らないことでも、勇気を出してチャレンジしてください。そうすれば、きっとさまざまな創造ができる〝大人〟になれるはずです。

秋葉 淳一 さん
株式会社フレームワークス
代表取締役社長 CEO
兼
株式会社ダイワロジテック
取締役

1963年生まれ。中部大学工学部土木工学科卒業。1987年4月、某ゼネコンに入社し、制御用コンピュータの開発、製鉄所や半導体工場の生産管理システムの構築、飲料・食品メーカー・衣料品メーカーのサプライチェーンマネジメントに従事する。2004年に株式会社フレームワークスに入社後は、ロジスティクスの構築や改革・改善に携り、2010年、代表取締役社長に就任。2012年12月より、大和ハウスグループの傘下へ。2017年11月、株式会社ダイワロジテック設立に伴い、取締役を兼任。現在に至る。

秋葉さんにとって「ロジスティクス」とは？

人々が
安心して豊かに
暮らせる仕組み
なくてはならないもの
秋葉淳一

武蔵《むさし》中学校

東京 練馬区 男子校

PREMIUM SCHOOL

好奇心を刺激する学びで育む
真に信頼され尊敬されるリーダー

伝統ある名門男子進学校の武蔵中学校。
自然に触れて五感を使う学びや世界に目を向ける取り組みなど、様々なプログラムが用意されており、
「自調自考」の精神を身につけるための、質の高い教育が行われています。

7年制高等学校当時の質の高い教育を受け継ぐ

武蔵高等学校は、１９２２年に、日本初の私立7年制高等学校（旧制高等学校）として創立されました。創立者は実業家であり政治家であった根津嘉一郎（初代）です。根津はアメリカで見た慈善事業に投資する資産家の姿に影響を受け、「社会から得た利益は社会に還元せねばならない」との思いから、将来国家を支える優れた人材を育成するために武蔵高等学校を設立しました。

そうした思いから作られた学校のため、設立当時から大学レベルの教員たちによる質の高い教育が行われていました。その教育は、１９４８年の学制改革によって、新制武蔵高等学校となったあとも変わることなく受け継がれていきます。

１９４９年には、武蔵中学校（以下、武蔵）が発足し、武蔵大学（以下、武蔵大）も開学しました。

このように、7年制の高等学校に起源を持つことから、武蔵では、現在も正式な学校名が武蔵高等学校中学校と、高等学校が先になっています。

２０１９年4月からは、同校の卒業生である杉山剛士先生が校長に就任され、2022年に迎える創立100周年のその先の100年を見据え、「新生武蔵」として新たな歩みを始めています。「学びの水脈と対話の杜《もり》」というコンセプトで進められていた校舎の改築もすでに終了しました。

武蔵の建学の精神は次の3つです。

一、東西文化融合のわが民族理想を遂行し得べき人物
二、世界に雄飛するにたえる人物
三、自ら調べ自ら考える力ある人物

武蔵では、この伝統的な「三理想」に基づき、これからの時代を切り拓く「真に信頼され尊敬されるリーダー」の育成が進められています。

「自調自考」が教育の柱 国語は原典主義が特徴

カリキュラムはリベラルアーツ（教養主義）を基本とし、「武蔵の三理想」の1つ、自ら調べ自ら考える「自調自考」の精神を大切にした授業が展開されています。

「自調自考」を実践するためには、基礎基本をしっかりと身につけることが重要だと武蔵では考えられています。そのため、内容と必要に応じて1クラス（40名）を分割（2展開）して丁寧に指導する少人数制授業も実施されています。

内容も武蔵ならではのものです。例えば国語では、原典主義を大切にしており、近代小説であれば仮名遣いや旧字が当時のままの全集収録のものが教材として扱われます。また、古典では中世の写本※1や江戸時代の版本※2に触れる機会も設けられています。中学でしっかりと読解力を養い、高校では、読後の意見を発表し、クラスメイトと議論するというゼミ形式の授業へと発展していきます。

数学では、証明問題における言葉の使い方なども身につけたうえで、論理的思考力などを育て、高校の学びへとつなげます。

総合的な学習で行う特徴的な取り組み

「総合的な学習」においても、各学年で生徒の興味を喚起する様々な仕掛けが用意されています。

中1が行うのは「山上《さんじょう》学校」です。群馬県にある武蔵学園の赤城青山寮で行う3泊4日の宿泊学習で、クラスに関係なく十数人の班が作られ、班ごとに山登りをします。もちろん教員も付き添いますが、あくまでも生徒が主体。教員は班のメンバーが協力しあい試行錯誤しながら進んでいく様子を見守ります。

※1手書きの本　※2写本に対し木版を印刷して作った本

図書館

濯川（すすぎかわ）

生物実験室

キャンパスには小川が流れ、タヌキも生息するほど、緑豊かな環境です。もちろん、運動施設や学習施設も充実しています。創立100周年に向けた校舎改築工事も終了し、ますます魅力的な教育環境となりました。

理科・特別教室棟外観

屋外プール

留学生との国際交流合宿

民泊実習での家業体験

山上学校

好奇心が刺激され、ワクワクしながら学び、成長できるのが武蔵の学校生活です。様々な校外学習や国際交流、行事、部活動などに、武蔵生は積極的に取り組んでいます。

PREMIUM SCHOOL

中2では群馬県の農家に泊まる「民泊実習」をします。果実から果汁を搾ったり、コンニャクイモからコンニャクを作ったりと、普段あまり体験することのない農業をし、農家の方々とふれあう貴重な機会となっています。

中3では第二外国語を学びます。ドイツ語・フランス語・中国語・韓国朝鮮語から選択し、言語そのものだけでなく、その国の社会や文化についても学習します。

高校へ進学すると高1で「総合講座」が開講されます。校内でヤギを飼育しながら、反芻《はんすう》回数の調査や、ヤギのフンを材料とした肥料作りなどを行うヤギの研究、長崎県の対馬を舞台に、国防や国際関係について考えを深める研究など、武蔵ならではのユニークな講座ばかりで、1人ひとりが自分なりの課題を見つけ学びを深めていきます。

世界に目を向ける環境が校内にも

武蔵はグローバル教育も盛んで、前述したように、中3では全員が第二外国語を学びます。中3で設定されているのは初級のものですが、希望者は中級、上級と、高校でも継続して学ぶことが可能です。

上級を受講した生徒のなかから選抜された約20名は、ドイツやフランスなどの提携校で2カ月にわたりホームステイや寮生活をしながら現地の生徒とともに授業を受ける機会が与えられます。

一方で、提携校の生徒も武蔵を訪れており、現在も女子を含む8名の留学生が武蔵生とともに学んでいます。授業だけでなく、留学生と武蔵生合同の国際交流合宿も行われています。

そのほか、「English Summer School」や「REDプログラム」といった課外プログラムもあります。

「English Summer School」は、武蔵大・武蔵高等学校中学校が協定を結んでいるテンプル大学ジャパンキャンパスとの共同企画です。毎年夏休みに実施され、武蔵大の学生とともに決められたテーマを英語だけで学習・発表します。

「REDプログラム」は、中高生を対象とした科学を英語で学ぶイマージョンプログラムです。その名の通り、Research、Essay、Discussionの力を磨いています。

これらのプログラムから世界へ目を向け、実際に海外大学へ進学する生徒もおり、彼らをサポートする進学奨励金制度も整っています。

地学部

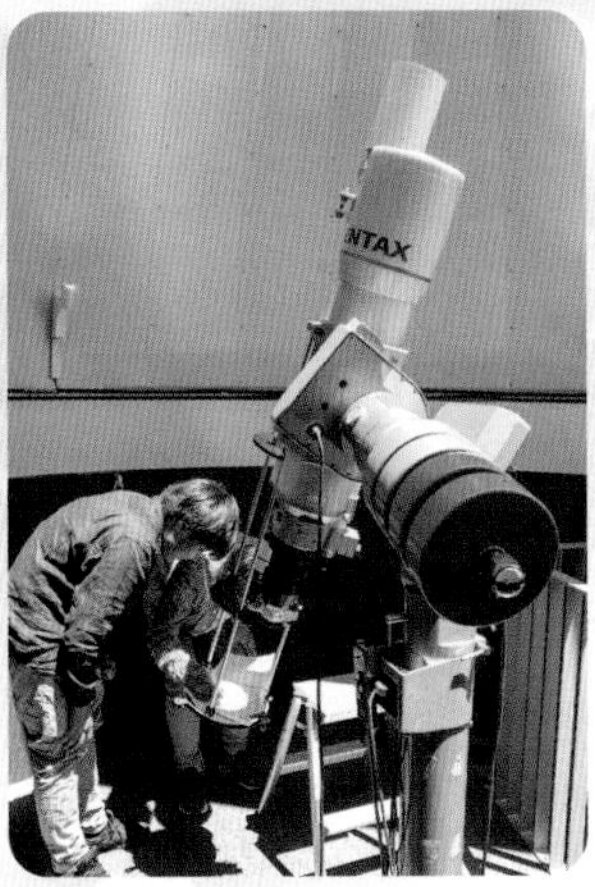

太陽観測部

体育祭

記念祭（文化祭）

バレーボール部

強歩大会

今年度からは長期休業中に海外で研究や研修を行いたいという生徒を、資金面で支援する制度も始まり、積極的に海外へ飛び出す生徒は今後ますます増えていくことでしょう。

緑あふれる充実したキャンパス

武蔵の校舎がある武蔵学園の江古田キャンパスは、7万㎡という広大な敷地を有します。校内には緑があふれ、キャンパス中央には濯川《すすぎがわ》という小川も流れています。

創立100周年に向けた改築工事では、正門から校舎までの間に広場ができ、また濯川沿いには遊歩道が整備されました。理科・特別教室棟や、約8万冊の蔵書と100席の閲覧席を誇る図書館などの施設も整っており、伸びのびと学べる充実した教育環境です。

武蔵大が同じキャンパスにあるという立地を活かした連携教育も行われており、大学の講義を受講できたり、留学のための準備講座に大学生とともに参加したりすることが可能です。

大学進学については、「進路情報委員会」がサポートし、必要な情報を提供していきます。ただし、あくまでも生徒が主体的に大学を選択するということを大切にしています。

授業、課外活動、進路選択など、様々な面で生徒の「自調自考」の精神を大切にする武蔵中学校。こうした教育により、生徒は大きく成長し、真に信頼され尊敬されるリーダーとなるのでしょう。

2019年度入試結果

募集人員	男子160名
出願者数	579名
受験者数	569名
合格者数	186名

筆記試験（国語・算数・社会・理科）

武蔵中学校

所在地：東京都練馬区豊玉上1-26-1
アクセス：西武有楽町線「新桜台駅」徒歩5分、西武池袋線「江古田駅」徒歩6分、都営大江戸線「新江古田駅」徒歩7分、西武池袋線「桜台駅」徒歩8分
生徒数：男子のみ525名
TEL：03-5984-3741
URL：https://www.musashi.ed.jp/

ワクワクしながら学び「自調自考」というエンジンを装着してほしい

武蔵中学校　杉山《すぎやま》 剛士《たけし》 校長先生

生徒に伝えたい3つの心がけ

【Q】御校にはどのような生徒さんが多いですか。

【杉山先生】 自分の意見をきちんと持っている、そして他者に対して寛容な生徒が多いと感じます。それぞれの生徒が独創性やオリジナリティーを持っていて、互いにそれを受け入れる優しさがあります。

本校は毎年クラス替えをしていますし、校外活動では、クラス以外の仲間と班になって過ごす機会も用意しているので、卒業するまでの6年間で学年全員と顔見知りになれると思います。

【Q】生徒さんに向けて日ごろ話されていることがありましたらご紹介ください。

【杉山先生】 10代というのは「何者にもなれるがまだ何者でもない」という可能性と不安が入り混じった年代です。そうした時期をどのような思いで過ごすか、3つの心がけを話しています。

まず1つ目は、「自分が恵まれていることを自覚し、そのことへの感謝の気持ちを持つ」ということです。武蔵に入学できたのは、もちろん生徒自身の努力の成果ではありますが、そこにいたるまでの、保護者からの物心両面における多大な支援があったからこそではないでしょうか。そうした恵まれた環境にいることを自覚し、感謝したうえで、色々なことにチャレンジし、自らの力をどのように社会に活かせるかを考えてほしいです。

2つ目は「人生をかけての志を持つ」ということです。人生はたった一度です。その人生をかけて、なにを成し遂げるかをいまのうちから考え始めることが必要です。武蔵生には様々な分野で人類史に貢献せんとするくらいの高い志を持ってもらいたいですね。

3つ目は、武蔵の三理想にも掲げている「自ら調べ自ら考えよ」ということです。私自身も武蔵の卒業生ですから、OBの方々と話す機会が多くありますが、卒業生は武蔵で「自調自考」の精神を学んだと口をそろえます。いまの時代はインターネットで調べればすぐに情報を集められますし、人工知能も発達していて、人間が考えなくても済む時代になってきています。しかし、そんな時代だからこそ自分で調べ自分で考えるということは、とても価値があることですし、その積み重ねが人生を豊かにするのではないかと思います。「自調自考」はこれからの人生を歩んでいくためのエンジンだと私は考えています。そのエンジンを本校で過ごす6年間でしっかりと装着してほしいです。

自然に触れる機会が豊富 授業では対話を大切に

【Q】どのような授業を行っていますか。

第二外国語授業

数学の授業

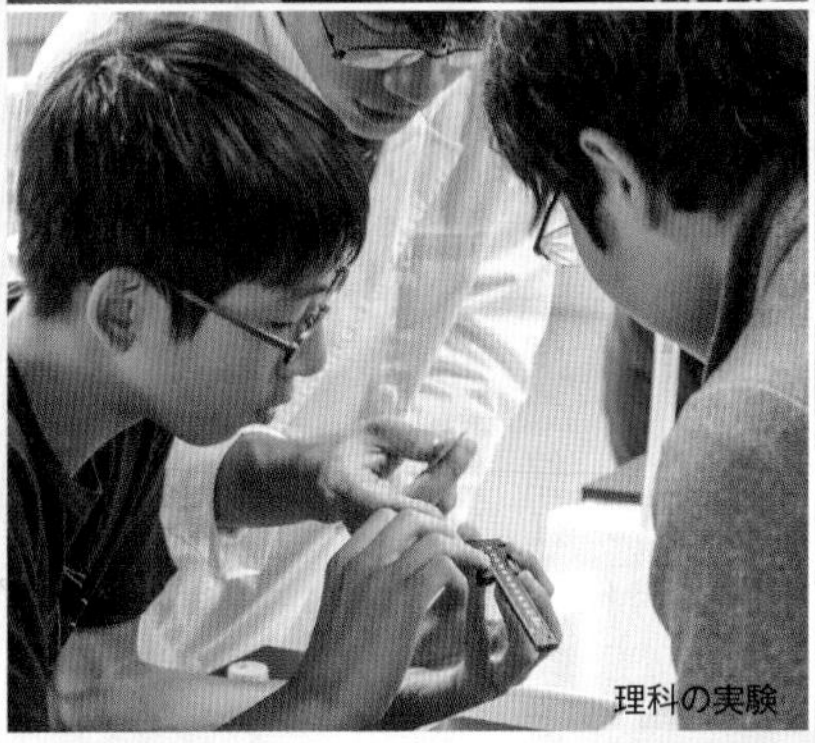
理科の実験

社会の授業

【杉山先生】 各授業で「自調自考」を身につけるための様々な仕掛けを用意しています。

　キャンパスは広々としていて自然豊かな環境です。そうした自然を使った授業を行っているのも本校ならではでしょう。例えば、キャンパス内にタヌキが生息しているのですが、そのタヌキのフンを分析してなにを食べているのか調べるといったようなこともします。生徒がキャンパス内でなにかを見つけてきて、それを授業で取り扱うことも多いです。

　自然に触れる機会は、山登りをする山上学校や本校所有の山林を訪れる遠足、農家に民泊をする民泊実習といった校外活動でも豊富に用意し、五感を使った学びを大切にしています。

　また、生徒と生徒の対話、生徒と教員との対話を大事にしています。教員が一方的に話し、それを生徒が黙って聞くという授業ではなく、生徒もどんどん発言しています。

　生徒の好奇心を刺激するワクワクする授業があり、その授業に伸びのびとワイワイ取り組める、武蔵はそんな学校です。

【Q】御校を志望される生徒さんと保護者の方へメッセージをお願いします。

【杉山先生】「なんでだろう」と考えたり、「おもしろい」と感じたりできる好奇心と、「自分の力をどんどん伸ばしていきたい」「大きく成長したい」という向上心を持った生徒さんを待っています。次の100年を迎える「新生武蔵」をいっしょに作っていきましょう。

学校山林での遠足

一部写真提供：武蔵中学校

世の中のなぜ？を考える 社会のミカタ 15

このコーナーでは日本全国の自治体が独自に制定している「条例」を取り上げて解説します。「この条例はなぜつくられたのか？」を、一緒に考えてみましょう！地域の特性や歴史的な背景を探ることで社会に対する見方を学ぶことができます。

和歌山県●太地町《たいじちょう》「くじらの博物館条例」

今回紹介するのは和歌山県太地町で制定されている条例です。太地町は紀伊半島の南東部に位置し、熊野灘《くまのなだ》に面している漁港のまちです。海岸線はリアス式であり「天然の良港」として古くから発展してきました。漁業、特に捕鯨《ほげい》がさかんであることで全国的に、いや世界的に知られていますよ。日本の古式捕鯨発祥の地であるといわれています。町の全域が海と那智勝浦町《なちかつうらちょう》に囲まれていて、面積としては和歌山県で一番小さな自治体なのです。

太地町は「くじらの町」を宣言し、町章にはクジラがデザインされています。「町章って何ですか？」という質問があるかもしれませんね。全国の自治体にはそれぞれ特徴を表現したシンボルマークがあるのです。入試問題でも取り上げられることがありますので、都道府県レベルのものは確認しておきましょうね。埼玉県の県章はカッコいいと評判ですよ。埼玉県名の由来となる幸魂《さきみたま》の「魂」は「玉」でもあり、古代人が装飾品としても身に付けた勾玉《まがたま》を意味します。ですから、この勾玉を円形に16個配置した太陽を思わせるデザインが埼玉県の県章になっているのですね。閑話休題、「くじらの町」という話でした。太地町ではマスコットキャラクターもゴンドウクジラという徹底ぶりなのですよ。

そんな太地町が、捕鯨400年の歴史と技術を後世に伝えることを目的に1969年（昭和44年）に開館したのが

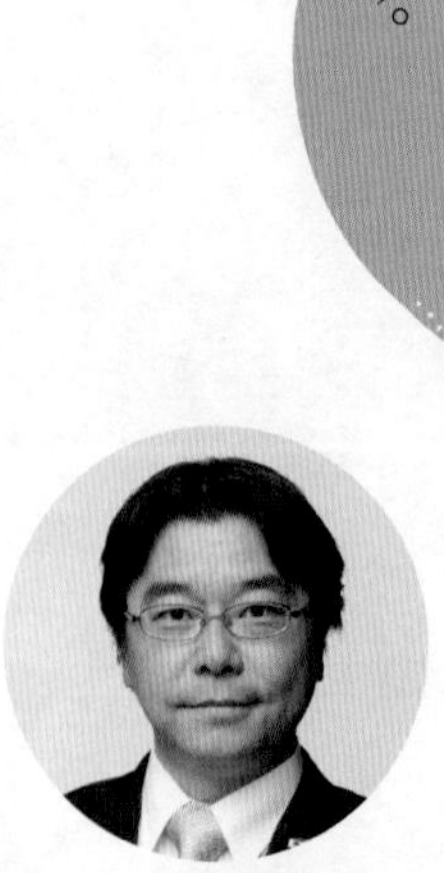

早稲田アカデミー 教務企画顧問
田中としかね

東京大学文学部卒業
東京大学大学院
人文科学研究科修士課程修了
著書に『中学入試日本の歴史』『東大脳さんすうドリル』など多数
文教委員会委員長・議会運営委員会委員長を歴任

「くじらの博物館」なのです。江戸時代の文献にも捕鯨業で財をなした太地の鯨組主《くじらぐみぬし》のことが描かれていますからね。400年はだてじゃありませんよ。井原《いはら》西鶴《さいかく》の浮世草子《うきよぞうし》『日本永代蔵《にっぽんえいたいぐら》』の中のお話なのです。クジラ突きの名人が登場し、銛《もり》で突いてしとめたクジラが「三十三尋《ひろ》二尺《しゃく》六寸《すん》」、つまり約60メートルという前代未聞の大きさであったと書かれています。「憂き世から浮世へ」と評される元禄文化を代表する文人としては、この井原西鶴の他にも、俳諧《はいかい》の松尾芭蕉《まつおばしょう》、浄《じょう》瑠璃《るり》の近松門左衛門《ちかまつもんざえもん》は覚えておきましょうね。

さて世界一のスケールを誇る「くじらの博物館」なのですが、建物には大きなクジラの絵が描かれていて、クジラの生態や捕鯨に関する学習・教育資料などの1000点に及ぶ貴重なものが展示されています。そしてこの「太地町立くじらの博物館」の施設運営を規定しているのが、今回取り上げました「太地町立くじらの博物館条例」になるのです。

ここでもう一度、条例について確認をしておきましょう。日本には大きく分けて、法律と条例という二段階のルールが存在すると考えることができます。法律とは「唯一の立法機関」である国会によって決められたルールであり、条例は地方議会によって決められたルールです。でも「唯一の」とあるように、ルールは国会でしか決められないのではないでしょうか？　では地方自治体が条例を制定できるのはなぜでしょう。その理由は憲法と地方自治法に求めることができます。憲法94条によれば、「地方公共団体は、その財産を管理し、事務を処理し、及び行政を執行する権能を有し、法律の範囲内で条例を制定することができる」とされています。ただしこの規定だけではその範囲が不明確なので、地方自治法14条1項において、「普通地方公共団体は、法令に違反しない限りにおいて第2条第2項の事務に関し、条例を制定することができる」と定められているのです。

「法律の範囲内で」とありますね。では、「太地町立くじらの博物館条例」の根拠法はなんでしょうか。それは博物館法になります。「社会教育法の精神に基き、博物館の設置及び運営に関して必要な事項を定め、その健全な発達を図り、もつて国民の教育、学術及び文化の発展に寄与すること」を目的とする法律です。この法律に従って博物館を運営するのですが、たとえば入館料をいくらにするのか法律に書かれているわけではありません。そのため、地方自治体の事情に合わせてそれぞれが細かな規定をもりこんで策定するのが条例になるのですね。

さて今年の7月1日、日本は31年ぶりに商業捕鯨を再開させました。それに先立ち、日本がクジラの国際的な管理を行うIWC(国際捕鯨委員会)からの脱退を発表したのが昨年の暮れになります。商業捕鯨の再開にあたっては、日本の領海及び排他的経済水域に限定し、南極海・南半球では捕獲を行わないことを決め、鯨類の資源に悪影響を与えないようIWCで採択された方式により算出される捕獲枠の範囲内で行うこととしています。

日本が商業捕鯨再開にこだわった理由の一つに「クジラは保護すべき動物で、食べるのは野蛮だ」とする欧米的な価値観への反発があります。太地町でも、日本の捕鯨文化を批判してきた反捕鯨団体がさまざまな抗議行動を起こしてきたという経緯があるのです。それでも、そうした欧米的な考え方を受け入れてしまえば、マグロなどほかの水産資源利用にも影響が出ることになってしまう。そんな危機感が水産庁をはじめ日本政府にはあったのでしょう。「資源が豊富であれば、科学的根拠に基づき持続的に利用するのは、海に囲まれた日本の大原則だ」というのが政府の考えになります。

脱退したとはいえ、国際的な海洋生物資源の管理に協力していくという日本の考えは変わりません。IWCにオブザーバーとして参加するなど、国際機関と連携しながら、科学的知見に基づく鯨類の資源管理に貢献する準備があることを主張しています。日本としては、科学的根拠に基づき水産資源を持続的に利用するという考え方が各国に共有され、次の世代に継承されていくことを期待しているのですね。

今月のキーワード

地理的要素 ● 熊野灘　排他的経済水域

歴史的要素 ● 勾玉　浮世草子

公民的要素 ● 法律の範囲内　水産庁

時事的要素 ● 商業捕鯨再開　IWC

それぞれの要素から、今月取り上げた条例に「逆算的」にたどり着けるか、考えてみよう！

動物の ことわざ や 慣用句 って意外に正しくない!?

実際の動物の生態と比較してみましょう！

言葉のなかの動物たち

私たちが使うことわざや慣用句などには、さまざまな動物が登場します。これは、誰もが知っている動物を例に挙げることで、具体的にイメージしやすくするためです。

たとえば、顔を合わせるとけんかばかりしているふたりに対して「あのふたりは『犬猿の仲』だから……」と言ったり、とても仲の良い夫婦のことを「まさに『おしどり夫婦』だね」と表現したりするのを聞いたことはありませんか？『犬猿の仲』は「非常に仲が悪いこと」をたとえるために〝犬〟と〝猿〟を、一方、『おしどり夫婦』は「仲が良い夫婦」のたとえで〝オシドリ〟を使っている表現です。では、実際に〝犬〟と〝猿〟は仲が悪く、〝オシドリ〟の夫婦は仲が良いのでしょうか？

仲間意識で『犬猿の仲』は変わる!?

「仲が悪いこと」のたとえで使われる〝犬〟と〝猿〟ですが、実は必ずしも2匹を近づけるとすぐにけんかをする――というわけではないようです。実際、生まれたときから一緒に育った〝犬〟と〝猿〟であれば、どちらの動物も仲間意識が強いことから、けんかすることはほとんどありません。

では、なぜ、『犬猿の仲』という言葉が生まれたのでしょうか。これには諸説ありますが、そのひとつに、12種類の動物で構成される干支の順番、「子《ね》・丑《うし》・寅《とら》・卯《う》・辰《たつ》・巳《み》・午《うま》・未《ひつじ》・申《さる》・酉《とり》・戌《いぬ》・亥《い》」を決めたときのけんかがもとになったという説があります。昔々、神さまが「1月1日の朝に挨拶に来た先着12番目までの動物に、毎年交代でリーダーとして仕事をしてもらう」と言ったことをきっかけに、ある日、動物たちによるレースが行われました。実はそのレースのとき、一緒に神さまのもとに向かった戌（犬）と申（猿）が途中で大げんかをしてしまい、その仲裁をしたのが酉（鶏）でした。そのまま全員で神さまのもとにたどりついたため、干支の順番が申、酉、戌になったとか。そして、その大げんか以来、〝犬〟と〝猿〟は仲が悪くなってしまった、というお話です。

またそれ以外には、昔、人間が〝犬〟を連れて山に狩りに行くと、必ず〝犬〟と〝猿〟がけんかしたことが由来になったという説もあります。動物の縄張り意識を考えれば、山にすむ〝猿〟が人間と一緒に侵入してきた〝犬〟とけんかをするのは当たり前のこと。干支の順番決めのレースからの説よりも現実味はありますが、わざわざその姿を見て、『犬猿の仲』というかどうか……。

なお、英語では、仲が悪いことのたとえを『like a Cat and Dog』と表現します。これは、〝犬〟と〝猫〟が追いかけっこをする姿を頻繁に見たからでしょう。ちなみに、フランス語、ドイツ語でも〝犬〟と〝猫〟がたとえに使われます。そう考えると、日本で『犬猿の仲』という表現が定着したのは、〝犬〟と〝猿〟が海外の〝犬〟と〝猫〟のように、身近な動物だったのかもしれませんね。

『おしどり夫婦』は仲が良いとは限らない！

では、『おしどり夫婦』の〝オシドリ〟はどうでしょうか。

「おしどり夫婦」は『鴛鴦之契《えんおうのちぎり》』という故事が語源になっています。故事とは、大昔から現在にまで伝わっている物語のことで、特に中国の古典に書かれている物語のことを故事といいます。

『鴛鴦之契』は、唐の時代につくられた漢詩選集（唐詩選）『盧照鄰《ろしょうりん》』のなかに書かれている物語で、昔々、暴君によって悲劇の生涯を送った夫婦が、死後、向かい合わせの墓に埋められました。すると、互いの墓の端に生えてきた2本の梓《あずさ》の木が枝を絡ませながら成長し、そして、その絡まった枝の上で一対の〝オシドリ〟が寄り添い、日夜悲しげに鳴き続けたとか。この故事から、『鴛鴦之契』は「夫婦の絆が非常に堅いこと」「夫婦仲の睦まじいこと」を意味するようになりました。そして、実際につがいでいる〝オシドリ〟を水辺でよく見かけたことから、『鴛鴦之契』と『おしどり夫婦』は何の疑問も持たれないまま、「仲が良い夫婦」を表す言葉として使われるようになりました。

しかし、生物学的に〝オシドリ〟の生態を調べてみると……。鳥類の大半は一夫一妻で、メスが生んだ卵をメスとオスが交代で温め、生まれてきたヒナも夫婦で育てます。それに対し〝オシドリ〟は、きれいな羽根の色をしたオスの〝オシドリ〟のみ、繁殖期に数羽のメスとつがいになりますが、卵を温めたり、ヒナを育てたりするのはメスだけで、オスは子育てを手伝うことはありません。しかも、翌年になると別のオスとメスがつがいになるとか。この生態を知ってしまうと、仲の良い夫婦を『おしどり夫婦』と呼んでもよいのかどうか、微妙な気もしますね。ちなみに、〝タンチョウ〟や〝白鳥〟、〝シマフクロウ〟などは、一度つがいになるとどちらかが死ぬまで添い遂げます。そういう意味では、「夫婦の絆が堅いこと」を表す言葉としては、『タンチョウ夫婦』『白鳥夫婦』『シマフクロウ夫婦』の方が正しいといえるでしょう。

反対の意味で使われている『豹変《ひょうへん》』

『おしどり夫婦』は人間の勘違いから事実とは違う意味で使われるようになった言葉ですが、なかには使っているうちに、いつの間にか本来とは真逆の意味を表すようになったものもあります。

その一例が『豹変』です。『豹変』の本来の意味は、「豹の毛が季節に合わせて抜け変わり、美しい斑文が現れること」。つまり、故事の『君子は豹変す』は、「学識・人格ともに優れた人は、時代の変化に合わせて自分を素早く的確に変えていける」「人格者は、間違いをすぐに認めて改める」など、良い方向に変わることを意味した言葉なのです。ところが、現在では「穏やかだった人が『豹変』した」のように、「良かったものが悪くなる」という意味で使われることが多くなってしまいました。そのため、誰かを褒めるつもりで「態度が豹変したね」と言ったとしても、『豹変』の正しい意味を知らない人からすれば悪口になってしまうこともあるので十分に注意しながら使いましょう。

動物の生態と見比べてみませんか？

『烏合《うごう》の衆《しゅう》』は、昔、カラスは鳥のなかでも規律性に欠けるように見えたこと、集まったとしても「カーカー」とうるさく鳴くだけと思われていたことから、「規律のない群衆のこと」を指すようになりました。しかし、実際にはカラスのコミュニケーション能力は高く、さらには公園の水飲み場の蛇口をクチバシで回して水を飲むなど、非常に知能が高い鳥なのです。そう考えると、『烏合の衆』を実際のカラスに置き換えて考えると、「能力の高い集団」という意味になってしまいますね。

また、動物が獲物を狙う目をたとえた言葉に、『虎視眈々《こしたんたん》』や『鵜《う》の目鷹《たか》の目』があります。『虎視眈々』の「虎視」は〝虎〟が獲物を狙い見ていること、「眈々」は鋭い目つきで獲物を狙うさまを意味し、そこから「雄大な志を抱いて静かに情勢をうかがう」「相手に隙があればと有利になる機会が来るのを待つ」などの意味で使われるようになりました。一方、『鵜の目鷹の目』は「自分の利益になること、または他人の欠点や欠陥を熱心に探す様子や目つきのこと」「ちょっとしたことも見落とすまいと熱心に探す様子や目つきのこと」など、どちらかといえば欠点や欠陥を探すときのようすに使います。『虎視眈々』と『鵜の目鷹の目』はどちらも動物が獲物を狙うときの目をたとえる言葉ですが、言われた人が感じる印象がかなり異なるので、うまく使い分けたほうがよいようです。

今回、登場したもの以外にも、動物を扱ったことわざや慣用句、故事成語は他にもいろいろあります。ぜひ、この機会にその意味が動物の実際の生態に合っているのか、間違っているのかを調べてみてはどうでしょうか。『おしどり夫婦』のようにまったく逆の意味で使われている言葉が見つかったならば、なぜ、そのような誤った使われ方をするようになったのか。本当ならば何をたとえに使えばいいのかを考えてみるのもおもしろいですね。もしかすると、いつの日か、あなたが考えた言葉がことわざになるかも!?

okamura

お仕事見聞録

「働く」とは、どういうことだろう…。さまざまな分野で活躍している先輩方は、なぜその道を選んだのか？ 仕事へのこだわり、やりがい、そして、その先の夢について話してもらいました。きっとその中に、君たちの未来へのヒントが隠されているはずです。

営業担当者

株式会社オカムラ

砂口　和紀さん

PROFILE

1992年11月26日生まれ。2011年3月、慶應義塾湘南藤沢高等部卒業。2015年3月、慶應義塾大学経済学部経済学科卒業。同年4月、株式会社岡村製作所（当時）入社。10月にオフィス営業本部首都圏営業本部京橋支店に本配属となり、現在に至る。

—株式会社オカムラとは？

「人を想い、場を創る。」をコーポレートメッセージとして掲げ、さまざまな施設に優れた製品とサービスを提供することで、お客さまにとって〝最適な空間〟を提案する会社です。

１９４５年の創業時から培ってきたあらゆる分野の知識・技術を生かした「総合力」を強みに、多様な働き方が求められるオフィスをはじめ、教育施設、劇場・ミュージアムなどの文化施設、専門性の高い研究施設や医療・高齢者施設、スーパーマーケット・コンビニエンスストアなどの商業施設、物流センターなどにおいて、快適な空間創造を目指しています。

—オカムラに就職しようと思ったきっかけは？

私は子どものころから算数や数学が好きで、論理的に物事を考えることを得意としていました。ただ、「理系ではない」と思っていたので、大学に進学する際は、文系でも自分の得意分野が生かせると思った経済学部に進みました。

そんな私が「空間デザイン」に興味を持ったのは、大学在学中に高校の部活の顧問だった先生から、「高校生に『空間デザイン』と『人の行動』の相互関係について教えるための授業のアシスタントをして欲しい」と頼まれたのがきっかけでした。顧問の先生からの依頼だからと軽い気持ちで引き受けたものの、経済を学ぶ私にとって「空間デザイン」は未知の分野です。しかし、その先生の授業を聞くうちに、オフィス環境が〝働きやすさ〟に大きな影響を与えると知り、「仕事をする空間に〝遊び心〟や〝働きやすさ〟を加えることができるんだ……」と、オフィスの空間づくりに興味を持ったのです。

その後、真剣に就職先について考えるようになってからもその興味は薄れず、オフィス環境づくりなどを手掛ける会社に絞って就職活動を実施。幸いにも数社から内定をいただくことができました。そのなかからオカムラを選んだのは、オフィス環境づくりの分野でリーディングカンパニーとしての地位を築いているオカムラならば、より多くの方々に影響を与える仕事ができると思ったからです。

—【営業担当者】の仕事について教えてください

オカムラには、「オフィス環境事業」「商環境事業」「物流システム事業」の３つの事業部があり、私は「オフィス環境事業」の営業を担当しています。

私たち【営業担当者】の仕事は、大きく分けて3つあると考えています。ひとつは、お客さまである企業や学校、病院、研究施設からのご相談やご要望に応じて、デスクやイス、棚などのオフィス什器を販売することです。ふたつ目はレイアウト変更や移転、新設などの際に、お客さまにとって〝最適な空間〟をトータルにご提案することです。そして、3つ目はお客さまに対するアフターフォローです。一度、ご縁をいただいたお客さまに対しては、お呼び出しがあればもちろんのこと、それ以外のときにもこちらからご迷惑にならない範囲でご訪問させていただくようにしています。

—お客さまの望まれる空間をどのようにして〝形〟にするのですか?

オフィス空間であれば、まずその会社の社長にお会いし、社長が考えられている〝ありたい姿、あるべき姿〟をお聞きし、企業理念や経営方針との整合性を取りながら〝理想の空間〟の方向性を定めることからスタートします。次にお客さま側のプロジェクトメンバーや部門の代表者の方に、最新のオフィストレンドやオフィス事例をオカムラのショールームなどでご確認いただき、そのうえで現在の問題点や要望、意見を伺い、〝理想の空間〟に必要な要件を整理します。

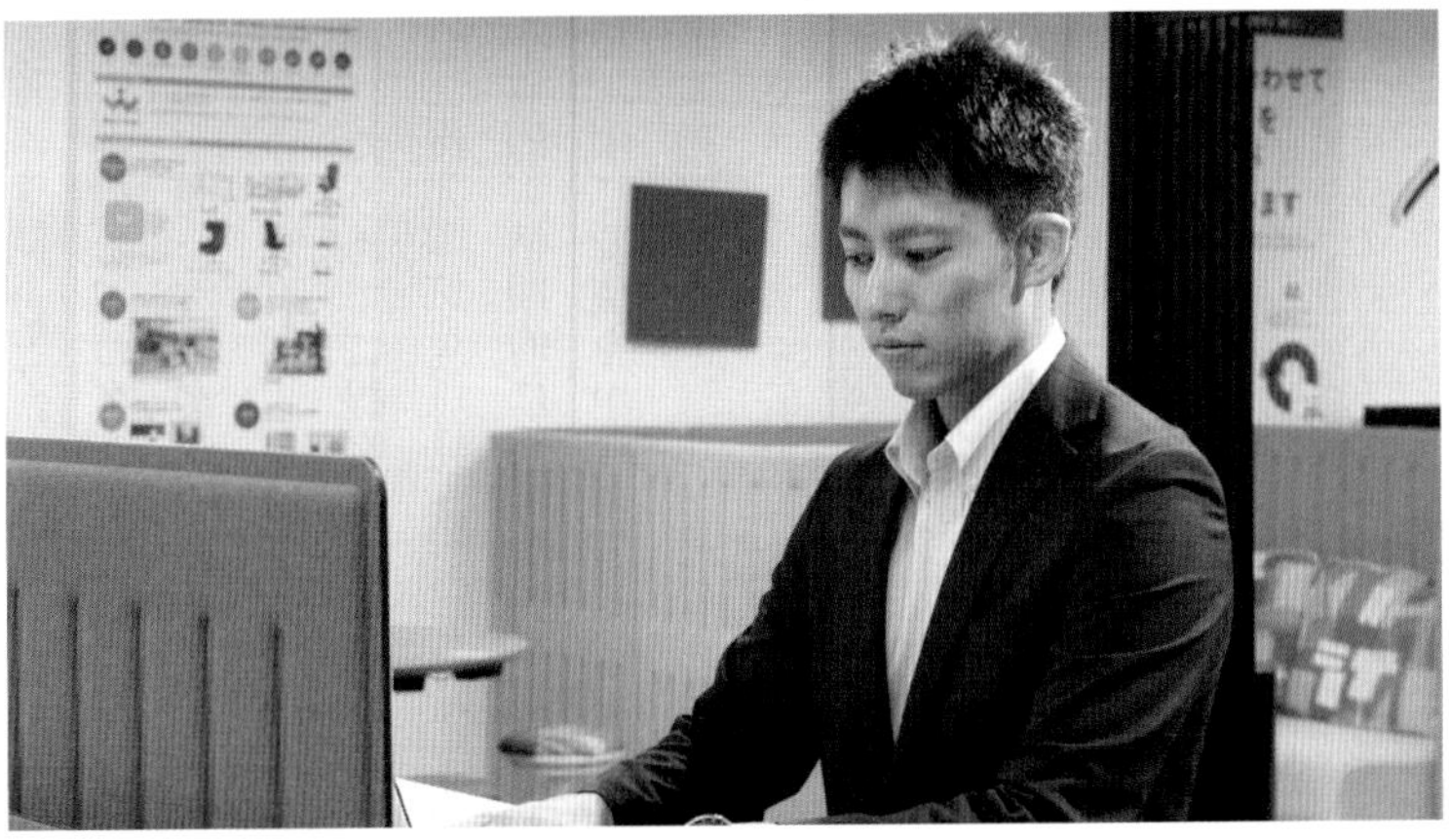

その後、何度かお客さまと打ち合わせを行うとともに、現在のオフィスでの人の動きなどを調査したうえで、セキュリティや各部署の配置などを計画します。そして、最初に伺った社長の想い、各種調査の分析結果や社員の方々の意見を総合的に整理し、目標となるコンセプトを立案。それをもとに、最適なオフィスレイアウトやオフィス空間をご提案し、問題がなければ壁や床などの内装、オフィス什器を含めたインテリアデザインをご提案します。そのご提案に対してお客さまのご快諾が得られればすぐに工事を発注し、それと並行しながらオフィス什器の手配を開始。工事の終了と同時にオフィス什器を搬入すれば完成です。

なお、この一連の流れには、当社の設計担当者やプロジェクト管理者、工事担当者、必要なデスクやイスの数を計算する積算担当者はもちろんのこと、実際に工事を行う協力会社など、数多くの方々が関わります。それらの人々をまとめることで、お客さまにとって〝最適な空間〟をプロデュースする——。これが私たち【営業担当者】の仕事です。

なお、オフィスの規模にもよりますが、ご相談を受けてから、完成するまでには短くて半年、長い場合は数年かかります。また、案件によってはイメージデザインの段階で他社とのコンペが実施される場合があります。

—お客さまや社内外の関係者とのやりとりで心掛けていることは?

お客さまに対して心掛けているのは、要望をしっかりと聞き取ることです。どんなに私たちが良いと思っても、それがお客さまの要望に沿わなければ〝最適な空間〟にならないからです。

社内外の関係者については、常に

SCHEDULE

ある一日のスケジュール

8:30	出勤、メールチェック 社内打合せ（図面作成依頼・見積作成依頼など）
10:00	外出（打ち合わせや現状調査など）
12:00	昼食
13:00	打ち合わせ・ショールーム案内・新規開拓営業など
14:00	帰社 見積作成・社内打ち合わせなど
17:00	日報作成・訪問計画など
19:00	退勤

相手の立場を考慮し、どのように伝えれば気持ちよく仕事をしてもらえるかを考えながら、丁寧に説明するようにしています。

—仕事をするなかで一番難しいことは？

お客さまからすれば、費用と時間を掛けて新しい空間をつくるのですから、「あれもしたい」「これも取り入れたい」など、夢は果てしなく広がるばかりです。もしも、私たち【営業担当者】が〝モノ〟を売るという考え方で仕事をするならば、そんなお客さまの要望をすべて実現したほうが良いのかもしれません。しかし、オカムラは〝モノ〟だけではなく〝コト〟を売る、お客さまにとって〝最適な空間〟を提案する会社です。その想いを忘れず、要望はしっかりと聞いたうえでご提案し、お客さま自身に優先順位を付けていただきます。予算的、納期的に実現可能な範囲で最大限ご要望をかなえることができる〝最適な空間〟を一緒に見つけていきます――。これが一番難しいのですが、そんな〝最適な空間〟が見つかったときにはやりがいを感じることができます。

—仕事におけるこだわりは？

〝最適な空間〟を創造する際には、お客さまだけでなく、社内外の多くの人々が関わります。そのため、何事にもスピードが求められることが多いので、問い合わせについては迅速に対応をするように心掛けています。

—印象に残っている出来事があればお聞かせください

ひとつは、ある会社の担当者の方から「私は担当を外れるけれど、オカムラに砂口さんがいる限り大丈夫だから……」と新しい担当者の方にご紹介いただいたことです。前任者の方と一緒に仕事をさせていただいたのは入社2年目のときだったので、「そのときの私は、まだまだ未熟だったのに認めていただけた」と自分自身の仕事をはじめて肯定されたように思いました。もちろん、その会社の現在の担当者の方とも良好な関係が保てています。

もうひとつは、某大学の新校舎移転の案件をご指名でご相談いただいたことです。これは、大学の校舎移転プロジェクトを担当する方が、その大学に転職する前に働いていた会社でオフィス移転を経験されており、その際、トータルコーディネイトを外部に依頼していたことを思い出されたのがきっかけでした。そこで、前職の会社の担当者の方にご相談されたところ、「それならオカムラの砂口さんに相談すれば？」と、オフィス移転を担当させていただいた私を紹介してくださったのです。「空間のご提案＝オカムラ」と思っていただけたのはもちろんのこと、私自身をご指名いただけたことを本当にうれしく思いました。

—この仕事に就くための資質とは？学生時代にすべきことは？

相手の立場に立って物事が考えられる人が向いていると思います。

その経験を積むためにも、できれば、中学、高校、大学時代に、なるべく多くの友人たちと何かを一緒に取り組む――。そんな、他人と行動をともにする機会を多く持ったほうが良いかもしれませんね。

—これからの目標は？

より多くの方々が利用される空間をご提案できるよう、経験を積み重ねることです。

—子どもたちに将来に向けてのアドバイスをお願いします

〝よく遊び、よく学べ〟という言葉を聞いたことがあると思います。スポーツ、読書、音楽など、興味があることには一生懸命に取り組んでください。そして、勉強すべきときは気持ちを切り替えて真剣に学ぶ――。この姿勢を忘れずに！

—仕事とは？

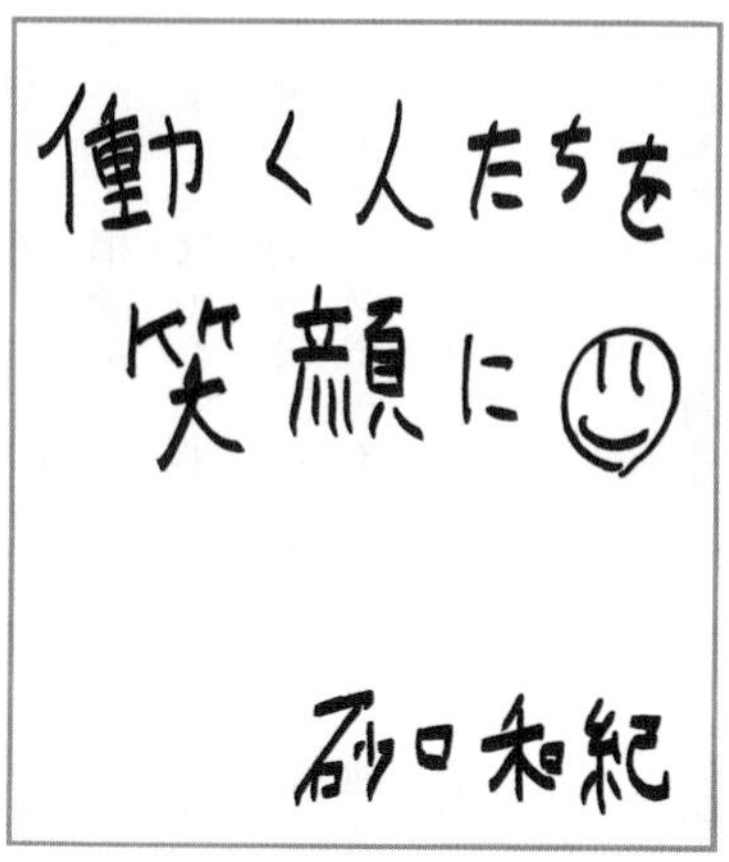

6年後
夢をかなえる
中学校

夢中

渋谷教育学園
渋谷中学高等学校

東京都　渋谷区　共学

入試対策部部長
鈴木《すずき》 一真《かずま》 先生

シラバスの活用で主体的な学びを

「自らの手で調べ、自らの頭で考える」。これが本校の基本目標です。社会はめまぐるしく変化していますが、そのような時代だからこそ、自分で調べ、考え、正しいかどうかを判断し、責任ある行動をとれる人材が今後ますます求められていきます。

この「自調自考」を達成するために、学習面ではシラバスを生徒に配布し、活用しています。シラバスとは、教科ごとに1年間で学習する内容と計画が細かく書かれた冊子で、家づくりにたとえるならば設計図にあたるものです。これをもとに、生徒自身が「何を学んでいるのか」「いま学んでいることは何につながるのか」「全体のどのあたりを勉強しているのか」ということを常に確認し、自ら目標を設定することで、学習効果が上がるように指導していきます。

「自調自考」の精神を養うために

本校では、授業の始まりと終わりを告げるチャイムがありません。持ち物の制限やルールもありません。また、宿題は、1か月程度の長期スパンでの提出としています。各種学校行事においてもすべて現地集合・現地解散のかたちをとり、工程や具体的な内容については生徒たちが計画を立てます。けじめのある学校生活を自覚し、生徒自身で考え、時間管理や自己管理を行うことで、一人ひとりの自立心や計画性を育んでいきます。

高校1年生からは、2年間かけて「自調自考論文」の執筆に取り組みます。好きな題材を選んで探求し、1万字程度にまとめていくものです。「問い」を確立し、収集した資料に基づいて意見を論理的に組み立て、生徒が教員を指名して受ける「アドバイザー面談」やゼミでの中間発表を通して、本格的な論文のかたちにしていきます。

開かれた社会で活躍できる国際人を育む

本校では外国人教師による少人数英語教育や、希望制の第二外国語学習・海外研修にも力を入れています。海外経験のある帰国生も多数在籍しており、留学生もさまざまな地域から受け入れています。

異文化交流の魅力は、考え方や価値観が一人ひとり違うように、これまでに体験した生活習慣や学校生活についても、国や地域によって異なるということに気付けることです。友情を深めることで、お互いの体験や文化を共有し、視野を広げてほしいと考えています。

毎年、一学年に10名程度、海外大学への進学希望者がいます。その中には帰国生ではなく、中学校から英語の学習を始めた生徒も必ずいます。「自分も挑戦したい」と思える環境を整え、その意志を尊重しサポートすることを何より大切にしています。

生徒の皆さんが卒業後活躍する21世紀の未来は、国籍や言葉の壁を越えて、たくさんの人々や新たな文化と出会う開かれた社会です。国際的な視野を持ち自分で考えられる人間になるために、本校での学校生活や課外活動を通じて、広く多様な世界を感じてほしいと考えています。

渋谷教育学園渋谷中学高等学校の取り組み

社会について考える 校長講話

高い倫理感を育む取り組みの一環として、6年間で35回にわたる「校長講話」を行っています。講話では、文化・経済・スポーツなど多彩な側面から社会問題を取り上げ、生徒たちにテーマを投げかけていきます。生徒1人ひとりが、問題意識を持ち、自分に何ができるのかを考えるきっかけになっています。

SCHOOL DATA

渋谷教育学園　渋谷中学高等学校

〒150-0002 東京都渋谷区渋谷1-21-18
TEL 03-3400-6363
JR山手線・埼京線・湘南新宿ライン
地下鉄銀座線・半蔵門線・副都心線
東急東横線・田園都市線
京王井の頭線「渋谷駅」徒歩7分
地下鉄千代田線・副都心線「明治神宮前駅」徒歩8分

渋谷教育学園
渋谷中学高等学校
OG
リポート

挑戦することで見えた新しい世界

小山《こやま》 夏花《なつか》さん　東京工業大学　生命理工学系　3年

日本にいても海外を感じられた

渋渋の自由で活気のある雰囲気と、帰国生が多く在籍していて国際教育が盛んな点を魅力に感じて受験を決めました。入学してみると、海外経験のある生徒が学年200名のうち約4分の1もいて、友人はみんな個性豊か。日常会話は英語という人も多く、育った環境や文化が大きく異なる人ばかりで、みんなしっかりと考えを持って自己主張をしていました。想像もしていなかった世界に最初こそ少し戸惑いましたが、とても刺激的でありがたい環境でしたね。

私も幼いころから海外への関心が強かったので、中3になると、中1から続けていたダンス部と掛け持ちで英語ディベート部に入りました。英語ディベート部は、毎年全国大会の上位に入る渋渋の花形部活。その場で発表されるさまざまな論題について、15分間の準備後に英語で討論する即興型ディベートを練習する部活です。

憧れを抱いて入部したものの、部員は9割が帰国生。最初はディベートの大会に出ても、議題もチームメイトが話している内容もわからず、スピーチで7分間も話せるわけもなく、ジャッジの前で泣いてしまうこともありました。それでも、「この悔しさをばねに頑張ろう」と決意しました。英語の勉強をするのはもちろん、「実力は自分が一番下だから、恥やプライドは捨てよう」と決め、積極的に帰国生の同期や後輩に質問したり、指導を仰いだりしました。勇気を出して大会にも参加し、経験を積んでいくなかで、次第に大会で勝利を挙げられるように。「下手でもいい、まずは伝えようという意志を見せることが何より大切」だと気付いてからは、臆することなく話せるようになっていき、とても楽しかったです。

大学は3年で卒業、新しい舞台へ

部活を引退し受験一色になる高3は、つらい年になるかと思っていましたが、意外にも6年間で一番楽しかった1年になりました。受験勉強はしっかりと進めながらも、学校行事の盛り上がりも最高潮。行事においても受験においても、学年で一体感がありました。自習室に置いてあるホワイトボードには、高3の利用者が励まし合うメッセージがいつも書いてありました。

現在は東京工業大学の生命理工学系に進学し、微生物・遺伝子などについて勉強しています。3年間ですべての単位を修得し、来年の春に卒業することになりました。「何のために早く卒業するのか」ということを自分なりに考え、「広い世界を見たい」と、夏からは中国の清華大学に留学することを決めました。東工大と清華大の両方の学位を修得できるプログラムなので、将来の活躍の幅を広げるチャンスになると考えています。

いつも練習していた思い出の
体育館で、ダンス部の後輩たちと再会しました！

渋渋で育まれたチャレンジ精神

「何事も、やってみなければ始まらない」。渋渋で過ごした6年間で、そう考える精神が育まれました。「初めてだけど、挑戦してみよう」「できるかどうかはわからないけれど、とりあえずやってみよう」と考えられるようになったのは、6年間、たくさんのチャンスを与えてもらったから。少し勇気を出すことによって、自分の前にまったく新しい世界が広がるということを教えてもらいました。

また、渋渋の魅力は、生徒も先生方も、人と違うことを「個性」や「魅力」と捉えているところです。自分と違う人を受け入れて協働していく力も、自然と身に付きました。どんな人も、どんな考えも尊重される校風で過ごしていたからこそ、人と違う思い切った挑戦ができるんだと思います。

これからもずっと、「自分を信じて、挑戦を」。失敗を恐れることなく、自分の意志で新しい道を進み続けたいと思います。

新しい取り組み
オープンスクールデイ

9月に行われる文化祭「飛龍祭」以外にも学校見学の機会を設ける目的で、8月に初めて「オープンスクールデイ」を開催しました。クラブ活動や文化祭のリハーサルなど、在校生の学校生活の様子を見学できる初の試みです。当日は4,000名を超える受験希望者とその保護者が来校し、大盛況のうちに終了しました。

充実の施設で快適なキャンパスライフを

アクセス抜群の都心渋谷区にある10階建ての校舎は、地域との調和と快適な環境をコンセプトとして設計されており、都市工学の先端技術が駆使されています。たとえば中学1・2年生の教室の机と椅子は、人間工学に基づいてデザインされている、オーストラリアからの輸入品。また男子トイレ・女子トイレには、それぞれパウダールームを設けています。学校生活を快適に過ごし充実させるために、さまざまな工夫が施されています。

クローズアップ!!
Close up!!

狭山ヶ丘《さやまがおか》高等学校付属中学校

埼玉県 | 入間市 | 共学校

学力涵養と人間性の充実で優れた人材を育成する

来年創立60周年を迎える高等学校のもと、2013年に誕生した狭山ヶ丘高等学校付属中学校。６年間を有効活用した教育で学力と人間性の両方をしっかりと伸ばします。

小川《おがわ》 義男《よしお》 校長先生

School Information
所在地：埼玉県入間市下藤沢981　アクセス：西武池袋線「武蔵藤沢駅」徒歩13分、JR川越線・東武東上線「川越駅」、西武新宿線「狭山市駅」、「入曽駅」、JR八高線「箱根ヶ崎駅」スクールバス　生徒数：男子57名、女子54名
TEL：04-2962-3844　URL：http://www.sayamagaoka-h.ed.jp/js/

6年間を3つに分け丹念な積み重ねで確かな学力を涵養

「人間に生まれついての能力差はない」。この考えを根本の理念におく狭山ヶ丘高等学校のもと、２０１３年に開校した狭山ヶ丘高等学校付属中学校（以下、狭山ヶ丘）。

１９６０年に創立者近藤ちよが狭山ヶ丘高等学校を設立して以来、埼玉でも有数の私立高校として歩んできました。

創立から50年以上を経てから中学校を開校した理由について、小川義男校長先生は、「本校は、正しい見識を持ち、日本という国をきちんと支えられる人間、公に準ずることができる心と知性を持った人間を育てることをめざして長年教育を行ってきました。その教育を中学生から行っていくことが必要だろうということで開校にいたりました」と説明されます。

中高の6年間を中1・中2「基礎力充実期」、中3・高1の「学力錬成期」、高2・高3の「進路実現期」の3つに分け、じっくり、確実に学力を養いながら、生徒が6年後に東大をはじめとする難関国公立大への進路実現を可能にすることをめざしています。

「だれにでも可能性があり、それを伸ばしてあげられないのは学校の責任です」と話す小川校長先生。6年間の始まりとなる「基礎力充実期」には、朝ゼミや小テストを定期的に実施することで、学習習慣の定着を図ったり、国語・数学・英語・社会・理科の主要5科目の授業時数を標準より多めに配分することで、中学校生活の出だしをうまく滑り出せるようにサポートしています。

また、中学生専用の自習室があることで、気軽に中1から活用でき、これも自学自習の習慣づけに役立っています。

「学力錬成期」は、豊富な授業時数のもとで、無理のない範囲での先取り教育を行いながら、「基礎力充実期」に養った基礎学力を土台に、定期テストや校内実力テストなど、力を発揮する場面を有効活用しながら、応用力を身につけていきます。

「進路実現期」になると、いよいよ大学受験に向けて学年全体が動いていきます。

高2になると、生徒それぞれの進路希望に応じて、文系・理系に分かれていきます。そして、各々の進路実現に向けて、演習を中心とした実践力を伸ばすための授業が行われます。

ガイダンスや各種の面談も頻繁にあり、そこで進路選択の相談はもちろんのこと、先生方が生徒と向きあうことで、最後まで目標へと走り抜けられるように支えていきます。

朝ゼミや放課後ゼミ、夏期・冬期講習なども多く開かれており、すべて無料というのも特色の1つです。

また、資格取得のためのサポートも充実。英検は放課後に対策講座が開講され、面接練習なども先生方がマンツーマンで行っています。漢検、数検も積極的に受験できるよう、対策用の教材が教室や職員室に置かれています。

その結果、今春卒業した中高一貫の1期生は、北海道大、東北大などの国公立大や難関大学の合格を勝ち取っています。

健やかな心身を育む 様々な学校行事・部活動

こうして見ていくと、勉強づけの6年間のように思えるかもしれませんが、狭山ヶ丘は生徒の心身を鍛え、「知力・体力ともに兼ね備えた真のリーダーを育成する」ことをめざしています。

そのために、こうした勉強面だけでなく、「黙想」や学校行事、校外学習、部活動などを通して生徒の健やかな心と身体も育んでいます。

狭山ヶ丘では、授業開始の前に、目を閉じて心を落ち着かせ、テーマに従って黙想をします。黙想することで集中力や自己を省みる習慣がついていきます。現代社会では、そうして落ち着いて物事を考える時間が少ないため、生徒にとっても大切な時間になるようです。

校舎全景。県内随一の学習環境が整います

施設・環境

中学生専用自習室・図書館など、中学生が利用しやすい施設や、広大な総合グラウンドなど、文武両面で環境が整っています。

校舎正面

みんなの憩いの場・生徒ホール

中学生専用自習室

中学生専用図書館

学校行事、校外学習のなかで特徴的なのが、中学生の間に体験する「農作業」と「軽登山」です。

農作業は、中1は校内で、中2は校外で、1年を通して季節に合った様々な作物を自分たちで植え、育て、収穫します。

軽登山も、中1から中3まで、高尾山をはじめとして、複数回経験します。高校のハワイ修学旅行では、ダイヤモンドヘッドにも登ります。

「農作業でできた作物は好きに持っていっていいということにしています。先日も中1が大きなキュウリを持ってきてくれました。ただ、大きくなりすぎていて、味はちょっとね(笑)。でも、軽登山も同様に、そうやって生徒たちが土まみれになる経験をすることが大切です。ダイヤモンドヘッドは私もみんなとともに登りますよ」と笑う小川校長先生。

普段の生活ではなかなかできない体験を繰り返しすることで、五感をフルに使って様々な生きた知識を吸収することができます。

体育祭と文化祭は、狭山ヶ丘の2大行事です。

6月の体育祭はメットライフドームを借りて中高と付属の幼稚園も含めた大人数で行われます。自分たちの競技に打ち込むこともちろんですが、幼稚園児たちといっしょにする競技もあったりと、異学年とのかかわりができる貴重な機会にもなります。

9月の文化祭は、中高生が多種多様な出しもので学校中を盛り上げます。なかでも中3は、班に分かれてオリジナルの脚本を制作しての英語劇に挑みます。その姿は「毎年じつに堂々としており、いつもの勉学に励んでいる姿とはまた違う、みずみずしい側面を窺《うかが》うことができ、新鮮な感動を与えてくれます」と小川校長先生は話されます。

修学旅行は中3で金沢、奈良、京都へ。高2では2017年から2019年までハワイを訪れていました

体育祭

学校行事

体育祭、文化祭、修学旅行、合唱コンクールなど、年間を通して充実の学校行事がみなさんを待っています。

文化祭

修学旅行

合唱コンクール

が、2020年からは、2014年までと同様に、「世界の広さを認識させるために」（小川校長先生）ヨーロッパへと赴き、イギリス、フランスを回ることが予定されています。

また、高1の3月にはカナダでの語学研修があります。約2週間にわたって、現地家庭にホームステイし、現地校に通いながら語学力を磨き、また、異文化理解を深めることができます。

部活動も盛んです。運動系・文化系ともに20の部・同好会が活動しており、高校での加入率は8割におよびます。仲間との協働などのなかから、幅広い視野を養い、豊かな人間性を育みます。

このように、勉強面では6年間という時間を有効に使ったカリキュラムで確かな学力を育み、生活面では多彩な取り組みで人間性の幅を広げることができるのが狭山ヶ丘高等学校付属中学校です。

「長年の教員生活のなかで、中学校入学時点での成績だけではその後の成長は測れないということを実感してきました。小学校までは成績優秀だった生徒が中学校では伸びない、また、その逆、ということがあるのです。ですから、本校を志望していただく生徒のみなさんに求めるのは、明るくてまじめなこと、です。

そうした生徒を、入学したときよりもきちんと伸ばして卒業してもらえる環境を用意して、みなさんをお待ちしています」（小川校長先生）

軽登山

校外学習

農作業や軽登山、理科実習など、狭山ヶ丘ならではの校外学習で、机上だけでは得られない学びを得ることができます。

農作業

理科実習

入試情報 2020年度募集要項

	第1回	第2回	第3回	第4回
試験日	1月10日 午前	1月12日 午前	1月15日 午前	2月6日 午前
募集人数	40名	25名	15名	若干名
合格発表	1月11日	1月13日	1月15日	2月6日

試験科目　4科：国語・算数（各100点）、社会・理科（各60点）、2科：国語・算数（各100点）

写真提供：狭山ヶ丘高等学校付属中学校

公立中高一貫校リポート

さいたま市立大《おお》宮《みや》国《こく》際《さい》中等教育学校
未来社会を生き抜く力を身につける新しい学びを「大宮国際」で

2019年4月、さいたま市に
2つ目の公立中高一貫校が誕生しました。
未来社会を生き抜くための力を養う、
最先端の教育をめざす学校です。

英語を「道具」として使いこなして世界へ

今年4月に開校したさいたま市立大宮国際中等教育学校（以下、大宮国際）。「誰も見たことのない世界で通用する『真の学力』」を持った生徒を育てたいという考えのもと、数々の新たな学びを取り入れた教育を用意しています。

大宮国際がめざす「真の学力」について関田晃校長先生に伺うと、「いまは未来社会の予測が難しくなっています。そうした社会を生きていく子どもたちにつけてあげたい力とは、『なぜだろう』というテーマ設定をして、それを色々な形で考えて

議論し、そこから多くの人たちが納得できる解を出すことができる力です。『正解』を出すというのは難しくても、多くの人たちから『それがいいね』というコンセンサス（合意）を得られて、新しい価値を生み出すことができる力ですね。それをさらに具体的に、めざす学習者像として『未来の学力が備わった人』、『国際的な視野を持った人』、『よりよい世界を築くことに貢献する人』と定めました」と語られます。

「国際」という言葉を掲げる校名から「英語教育」に特化するようなイメージも持ちますが、大宮国際の魅力はそれだけではありません。

「英語はあくまでも『道具』です。例えば私たちはいま、日本語でコミュニケーションを取っていますが、お互いに日本語がわかるから簡単に意思疎通ができて、考えがまとまるわけです。ですが、少し世界に目を向けると、最も便利なコミュニケーションの手段というと、現時点では英語になります。母語である日本語に加えて、英語でも同じように意思疎通ができるようになると、意見交換が可能になる人は爆発的に増えますよね。そうすると、これまでは意見を求められたのが5人だったのが、10人になって、さらに豊かな考えが展開できるようにもなります。

もちろん、様々なカリキュラムによって英語教育を充実させます。ただ、それはあくまでも道具としての英語を磨くための手段であって、最終的にめざしているのは、その道具を使ってより多くの人と意見をすりあわせ、新しい価値を生み出せる力をつけることです」（関田校長先生）

新しいプログラムに基づいて 新しいスタイルの学習に取り組むことで、『真の学力』『未来の学力』を身につけていきます

関《せき》田《た》 晃《あきら》 校長先生

5年生からの特徴的なコース設定

大宮国際での6年間の教育課程を具体的にご紹介します。学習ステージを２つに分け、１つ目は「Empowerment Stage（力をつけるステージ）」として、1年（中1）から4年（高1）までの4年間、ＩＢ（国際バカロレア）の教育プログラムであるミドル・イヤーズ・プログラム（ＭＹＰ）の理念をもとにした授業を行います。そして、5年（高2）、6年（高3）の2年間は「Achievement Stage（力を発揮するステージ）」として、3つのコースに分かれ、生徒の希望進路に沿った学習を展開します。

3つのコースには「Global Course（グローバル・コース）」、「Liberal Arts Course（リベラルアーツ・コース）」、「STEM Course（ステム・コース）」があります。

「グローバル・コース」は、ＩＢのディプロマ・プログラム（※）を導入し、授業は半分程度の科目で英語で行われます。ＩＢのディプロマが取れるように準備も進めています。

「リベラルアーツ・コース」はその名の通り、文系・理系の区別なく、幅広く深い知識を身につけていくコースです。

そして、「ステム・コース」は文系、理系でいうと理系よりで、S(Science、サイエンス)、T(Technology、テクノロジー)、E(Engineering、エンジニアリング)、M(Mathematics、数学)の領域にまたがる、学際的な学びを行っていくコースです。

特色あるカリキュラムも充実。主体的に学び続ける姿勢を養うための教育プログラムとして、「3G Project」と「ＬＤＴ」があります。

「3G Project」は「Grit（やり抜く力）」、「Growth（成長し続ける力）」、「Global（世界に視野を広げる力）」という3つの「G」を育てる探究活動で、週に2時間、様々な課題について、日本語、または英語でその課題の解決に向けて個人やグループでの話しあいや研究を行い、その都度、発表の機会を設けます。

「ＬＤＴ(Learner Directed Time)」

※国際バカロレア機構が提供する、16～19歳の生徒が大学やその他の高等教育機関に備えるための、２年間の国際教育プログラム

PHOTO ❶朝の All English ❷理科の授業 ❸English Inquiry（英語を使う共同作業） ❹体育の授業（ダンスでタブレット活用） ❺Global Study の授業（発表の準備）

写真提供：さいたま市立大宮国際中等教育学校

は、土曜日に隔週で設けられる「自分で自分の学習をプロデュースする時間」です。生徒それぞれが自分で学びたいことを考え、そのテーマについて深く学ぶための時間です。

さらに、英語が使いこなせるようになることをめざす大宮国際では、中1の段階から積極的に英語を使う機会を設けます。まず、毎朝、始業前にすべての生徒と教職員がオールイングリッシュで様々な活動に取り組む時間を設定しています。

また、ネイティブスピーカーの教員は複数おり、彼らが主体となった週2時間のプログラム「English Inquiry（イングリッシュ・インクワィアリー）」は、日本語で学んだ教科や単元を、さらに英語で深く学ぶというものです。すでに基礎知識がしっかりと定着していることで、無理なく理解を深め、かつ、英語力も身につくという構成になっています。

行事や部活動など、学校生活の面でも特徴があります。

学校行事では、グローバルな視点を育むための校外行事を準備しています。1年次に国内異文化体験として福島のブリティッシュヒルズで2泊3日の宿泊を実施。2年次にはオセアニア地域での海外語学研修、3年次は国内でプロジェクトベース型の修学旅行、4年次にアメリカでの海外フィールドワークを行います。

部活動などの放課後活動は、「After School Activities」として、これまでとは違ったあり方になります。Club Activityは、シーズン制で行い、様々なクラブを経験できるように工夫しています。もちろん強制ではなく、これまで習いごとを続けてきた生徒や研究活動をしたい生徒はそれらに取り組める一方で、1年間や3年間を通してこのスポーツがやりたいという生徒は希望通りに活動できます。このように放課後活動についても、既成概念にとらわれずに未来志向をめざしています。

新しい学校で新しい学びを

関田校長先生に、4月に入学された1期生の様子をお聞きすると、「先輩がいないことで学校生活のお手本がいないため、不安な気持ちもあると思います。しかし、『自分たちが1期生なんだ』という自負を持ってくれていることが感じられます。プリンシパルズクラブという、校長室で私と昼食を食べながら生徒の意見を聞く、というプログラムを開いているのですが、その際の生徒の受け答えはとてもしっかりとしています。『もっとこうしてほしい』という意見も出てきますし、彼らに『みんながここで成長して、やがてよりよい世界を築くことに貢献してもらいたい』と私たちはまじめに考えているんだよ、と話すと、みんな前向きな反応をしてくれます。

生徒にとって刺激的な授業や行事を用意しており、生徒たちはワクワクしながら取り組んでいるようです。英語もほとんどオールイングリッシュというような授業がありますが、臆せずチャレンジしてくれています」と何事にも意欲的な生徒さんのお話を聞くことができました。

最後に、受検生に向けてのメッセージを伺いました。

「本校に入学すると、新しいプログラムに基づいて、新しいスタイルの学習に取り組むことで『真の学力』、『未来の学力』を身につけていきます。それは、みなさん自身がよりよく生きるための学力であり、よりよい世界の未来を築くことに貢献できる学力です。本校で、中高一貫の6年間を過ごし、新しい仲間とともに、高い志を抱き、それを実現するために必要な力を身につけませんか」（関田校長先生）

入試情報

2020年度入学生募集

募集区分

一般選抜、特別選抜

募集定員

160名（男女各80名程度、特別選抜は全体の1割程度）

検査実施日

第1次選抜　2020年1月12日（日）
第2次選抜　2020年1月18日（土）

検査内容

一般選抜
〈第1次選抜〉適性検査A・B
〈第2次選抜〉適性検査C、集団活動
特別選抜
〈第1次選抜〉適性検査D、面接
〈第2次選抜〉適性検査E、集団活動

適性検査の傾向（2019年度）

第1次選抜で志願者全員に適性検査A・Bを実施、その合格者に対して第2次選抜で適性検査Cと集団活動を実施します。適性検査Aは小学校で身につけた基礎的・基本的な知識を活用する力などを、適性検査Bでは発展的な課題解決力や科学的・数理的な力など、適性検査Cは読解力や文章表現力などが見られます。集団活動は1部屋12名程度で行われます。

School Information

さいたま市立大宮国際中等教育学校

所在地：埼玉県さいたま市大宮区三橋4-96
アクセス：JR各線・東武野田線・埼玉新都市交通伊奈線「大宮駅」バス
生徒数：男子80名、女子80名
TEL：048-622-8200
URL：http://www.city-saitama.ed.jp/ohmiyakokusai-h/

のぞいてみよう となりの学校

富士見《ふじみ》中学校

2020年に創立80周年を迎える富士見中学校は、創立当初から受け継がれてきた建学の精神を大切にしながら、変化の激しい現代社会に対応できる「自分の人生を自分で切り拓くことのできる女性」を育てています。今回はそうした女性を育てる教育のなかから、「探究学習」と「多文化交流」を詳しくご紹介します。

School Data

所在地　東京都練馬区中村北4-8-26
アクセス　西武池袋線「中村橋駅」徒歩3分、西武新宿線「鷺ノ宮駅」ほかバス
生徒数　女子のみ736名
TEL　03-3999-2136
URL　https://www.fujimi.ac.jp/

「17の力」を身につけ 自分の人生を切り拓く人に

未来を生き抜くために 備えてほしい力とは

富士見中学校（以下、富士見）は、現・東証一部上場会社「ヤマタネ」の創業者で、山種美術館開館など文化、教育の普及にも注力した実業家・山崎種二によって設立されました。

建学の精神「純真・勤勉・着実」について佐藤真樹校長先生は「『純真』は真心、正直で素直なこと、『勤勉』は自分がすべきことを一生懸命することを意味します。そして『着実』は後ろから読むと『実を着ける』となり、『実』は中身のあるものですから、うわべだけでなくしっかり芯のある人に、ということです。建学の精神にはこの3つの要素を持った人になってほしいという願いが詰まっています」と説明されます。

そんな富士見では、山崎種二が掲げた教育理念「よく学びよく勉め、勝れた徳性を養い、高い知性をみがき、真に美しい日本女性としてその名も世界に冠たる富士の如く、内外に誇り得る女性を社会に送り出すこと」を大切にしながら、「社会に貢献できる自立した女性の育成」を教育目標に掲げ、この目標を体現する卒業生をこれまで2万人近く送り出してきました。

しかし、未来はいま以上の激しい変化が起こると予想されています。そんな未来を生き抜くために、近年

お話を伺った佐藤真樹校長先生

はこの教育目標を「様々な課題を自分事としてとらえ、その解決に取り組み、自分の人生を自分で切り拓くことのできる女性」と具体化し、「自分と向き合う力」「人と向き合う力」「課題と向き合う力」を育むことをめざしています。さらにこれらを生徒によりわかりやすく伝えるために、具体的に以下のような「17の力」として示しました。

・「自分と向き合う力」①自分の意見を形成する力②チャレンジする力③計画を立てる力④やりとげる力⑤自らを振り返る力

・「人と向き合う力」⑥聴く力⑦人を巻き込む力⑧人とつながる力⑨話し合う力⑩発表する力⑪記述する力

・「課題と向き合う力」⑫課題を発見する力⑬情報を活用する力⑭多角的に考える力⑮論理的に考える力⑯創造する力⑰社会に貢献しようとする力

これらを授業はもちろん、行事や部活動などの様々な活動を通して養っており、今回はそれらのなかから、探究学習と多文化交流について見ていきます。

探究学習で養われる「問う・調べる・伝える」姿勢

まずは「探究学習」についてです。中1～中3は、学年ごとにキーワードを設定し、課題設定や情報収集、整理・分析、まとめ・表現といった探究的な学びの姿勢を、段階をふんで体験していきます。

中1のキーワードは学びの基本である「問う」です。夏休みに行う「生きもの探究教室」などを通して、身の回りのことをよく観察したうえで疑問を持つこと、その疑問を出発点として課題を設定することを学びます。プログラムのなかで情報収集や発表も行いますが、中1ではその完成度よりも「生徒が疑問を持ち、それを調べることは楽しいということに気づいてほしいです」と佐藤校長先生は話されます。

続いて「調べる」がキーワードの中2は「上野・浅草フィールドワーク」を軸とした学びを展開します。1学期は上野・浅草をボランティアガイドの方とともに歩きながら街に

中1・生きもの探究教室

長野を訪れる中1の「生きもの探究教室」。自然とふれあいながら多様な生きものを観察し、「なぜこの色なのか」「なぜこの鳴き声なのか」など、生きものに関する様々な疑問を見つけていきます。その疑問をグループごとに持ち寄り、仮説を検証、その成果を模造紙にまとめ、最終的に発表まで行います。

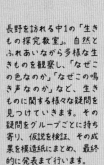

ついて情報収集を行い、文献調査もふまえて内容を模造紙にまとめ、文化祭で発表します。その後、もう一度上野・浅草散策を実施。今度は外国人をはじめ、観光客にインタビューを行うなど、さらに多角的に調べ方の幅を広げます。

集大成となる中3では、「伝える」をキーワードに、2年間の学びをもとに、卒業研究に取り組みます。「卒業研究には、6月の教員面談、9月の芙雪《ふゆき》祭（文化祭）、2月のポスター発表会（ポスターセッション）という3つの『山』を設けました。

まず教員面談では、なぜそのテーマを選んだのか、生徒が説明をし、その後教員がテーマに関する質問をしていきます。こうした面談では、教員が『こうするといいのでは』とアドバイスを与えることが多いと思いますが、本校ではそれはせず、あくまでやりとりのなかで生徒が自身でなにかに気づくような質問の仕方をしてください、と伝えています」という佐藤校長先生のお話から、富士見では生徒の「気づき」を大切にしていることがわかります。

さて、面談を経てテーマについて考えを深めた生徒たちは、夏休み中に行った調べ学習の成果を「卒研本」にまとめ、中間発表として芙雪祭で展示します。卒研本にはコメントシートが添付されているので、来場者からフィードバックを受けることができるのが特徴です。

内容についてほめられることもあれば、色々な指摘を受けることもありますが、生徒はその意見をもとに内容をさらにブラッシュアップし、その後のポスター発表会に臨みます。発表を通して話し方やコミュニケーションの取り方などを身をもって学ぶことを狙いとしています。

「ポスター発表会は後輩や保護者に向けて行い、発表が5分間、質疑応答が4分間あります。なかには質問にうまく答えられない生徒もいますが、発表は2月中にもう一度行うので、1回目でうまくできなかった生徒は失敗をふまえて、2回目の発表に挑むことができます」と佐藤校長先生。ここでも生徒自身で気づくこと、そこから自分で試行錯誤することが大切にされています。

そして高校では、中学で身につけたスキルを用いて、世界を意識した、より幅広いテーマで探究学習に取り組んでいきます。2018年新設の図書館棟は、こうした探究学習にふさわしい設備がそろう「探究的な学び」の拠点として活用されています。設備も整い、富士見の探究学習は、

図書館棟での学び

プロジェクターや無線LAN、グループでの話し合いができる机やイスなど、探究学習に役立つ設備が充実している図書館棟

中2・上野・浅草フィールドワーク

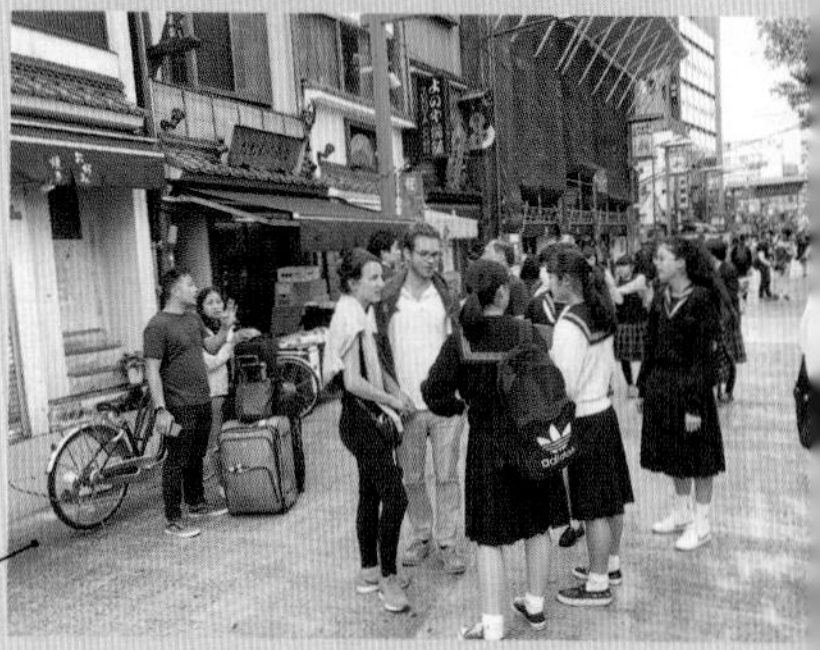

上野や浅草を訪れて、街ゆく人々にインタビューを敢行する「上野・浅草フィールドワーク」

中3・卒業研究

2月のポスター発表会では、1年間かけて研究したテーマについてまとめたポスターを前に、1人ひとりが発表を行います

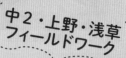

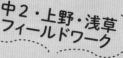

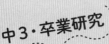

ますます発展を遂げそうです。

充実の多文化交流 新たなプログラムも始動

続いて「多文化交流」についてです。グローバル化が進む現代において、多様な文化背景を持つ人々と協働できる力は必要不可欠です。富士見では希望者向けに次のような交流プログラムを設定しています。

まず高1は夏休みの約2週間のアメリカ（40名）またはオーストラリア（35名）への海外研修、ニュージーランドの姉妹校などへの約3カ月の短期留学（6名）と約1年の長期留学（2名）が用意されています。

そのほか台湾の姉妹校とは、春休みに現地校生徒宅にホームステイ（中3～高2、5日間、約25名）をし、夏休みには姉妹校の生徒16名が富士見生徒宅にホームステイします。また姉妹校での2週間の英語プログラム（高2、2名）もあります。

学内で行われる多文化交流は、ニュージーランドとオーストラリアの学校との文通、姉妹校とのスカイプ交流や留学生受け入れ、中1・中2対象の「グローバルビレッジ」があります。これから取り入れる新しいプログラムではベトナムでの「グローカルリーダー研修」（中3～高2、5日間、約30名）やアメリカ・ボストンでの「アントレプレナーシッププログラム」（高1・高2、約30名）などが予定されています。

さらに富士見では生徒の「国際交流委員会」があり、これまで香港や中国、台湾、オーストラリア、ニュージーランドの学校との1日交流を運営してきました。10月には「アメリカの大学を卒業し、外資系企業で働く日本人女性」を招いてのワークショップも企画しました。

こうした多文化交流や前述の探究学習以外にも多種多様なプログラムを用意している富士見中学校。

「多文化交流を通して、文化や考え方の違いを理解し、生徒は自分の世界をどんどん広げていきます。そしてツールとしての英語を学ぶモチベーションも上がっていきます。現在は韓国からの留学生を受け入れていますが、今後さらに多文化交流の機会を増やしていきたいです。

色々なことに興味を持ち、失敗を恐れず、新しいことにチャレンジしてみようという気持ちを持った生徒さんを待っています。本校での様々な学びを通して、自分の人生を自分で切り拓いていける力をもった人に成長できるよう、全力でサポートしていきます」（佐藤校長先生）

多文化交流

高1・海外研修では、ホームステイや現地の人々との交流を通して、異文化を体験します

富士見に留学生を招いて行う「グローバルビレッジ」の様子

留学生の受け入れも積極的に行い、海外の生徒との交流も大切にしています

写真提供：富士見中学校

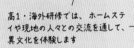

この1校！

共立女子中学校

KYORITSU GIRLS' Junior High School

東京　千代田区　女子校

夏季講座『未来食堂へ行こう！』

共立女子中学校はリベラルアーツを大切にしており、夏季講座にも従来から多様な講座が用意されています。今年度からは実施期間も延び、中高合同講座なども開講できるようになりました。今回はその中から教科横断型企画『未来食堂へ行こう！』の様子をレポートします。

『未来食堂』のメニューを提案！

2019年7月25日から27日の夏季講座内に、特別教養講座『未来食堂へ行こう！』が開講されました。特別教養講座は2006年から続いている教科横断型の授業です。今回のタイトルにある未来食堂は共立女子中学校から徒歩2分の場所にある食堂で、小林せかいさんという女性の方が一人で様々な仕組みをつくって切り盛りをしています。ランチメニューは日替わりで1種類、毎日メニューが変わります。インターネット等でお手伝いさんを募集しており、毎日様々な人が手伝いにくることなどが特徴です。その他斬新な取り組みによって、12席しかない小さな食堂にも関わらず、メディアにも多数取り上げられています。

そんな未来食堂のメニューを、生徒が提案し、プレゼンテーションを経て、採用されるまでを授業にしてみようと考え、小林さんの承諾を得て実現しました。定員は10名で募集していましたが、中学3年生から高校3年生まで21名もの応募がありました。初の中高合同夏季講座ということもあり、小林さんの許可が得られ全員受講となりました。

それぞれが考えたメニューをもとにグループワーク

栄養バランスも考えて「共立ランチ」を考案

《プレゼン1日目》

開講前に国語科・理科・家庭科の教員から課題を与えました。課題は小林さんの著書『ただめしを食べさせる食堂が今日も黒字の理由』（太田出版）を読み、栄養バランスのとれたメニュー「共立ランチ」を各自が考えてくるというものです。

1日目の前半の1時間は学校内での活動で、各自が持ち寄ったメニューをもとに、4つの班がそれぞれ1つずつメニュー案を考えます。家庭科教諭から栄養などについてのアドバイスがあり、それを手がかりとして生徒は持ち寄ったメニュー案を見せ合いながら絞っていきます。後半の1時間は、班でまとめたメニュー案を元に未来食堂へ行きプレゼンをしました。

小林さんは開店前の時間帯で忙しいため、生徒はカウンターをはさんで並び、小林さんは仕込み作業をしながらのプレゼンとなりました。全体的に声量が小さい生徒が多く、「大きな声を出して」など、小林さんから指示を受けながらも、何とか4案すべてプレゼンができ、食材を無駄なく利用する視点など具体的な改善案をいただきました。

「緊張感がすごかった」という生徒の感想の通り、社会で働く、お店を切り盛りするということは、そういう厳しい面もおおいにあると感じたようです。その後、校内に戻り、再度メニューを検討しました。

一歩前へ出て小林さんにプレゼンテーションができました

《プレゼン2日目・3日目》

1日目と同様にメニューの改善と、考案したメニューを紹介するチラシ作りを行いました。未来食堂へ行き、小林さんとの間を往復してプレゼンテーションおよび改善を行いました。1日目とは違い生徒は物怖じせずに、一歩前のめりになって小林さんにアピールをした結果、概ね了解を得ることができました。

最終的に以下の4つのメニューとチラシが完成しました。

1班　豚しゃぶ、ラタトゥイユトマトソース、白米

2班　夏野菜のグリルチキン、豆腐と枝豆のサラダ、とうもろこしご飯、生姜のスープ

3班　チンジャオロース、冷やし中華風サラダ、卵とじスープ、白米

4班　アジと大葉の混ぜご飯、フルーツポンチ

《共立ランチの提供》

お盆の上に生徒の作ったメニューと、それを紹介するチラシが添えられて提供されました。また講座に参加した一部の生徒は、実際に未来食堂が多忙になる時間帯での配膳やチラシ配りなどのお手伝いも体験しました。お客様からは、次のようなメッセージが感想ノートに残されていました。

《お客様の感想の一部》

・バランスが考えられていて、とてもおいしくいただきました！家で真似してみます。

・しょうがスープは冷房で冷えた体に気持ちよかったです。

・フルーツポンチの炭酸は新鮮です。若い方が料理に取り組むというのは、食べる喜びにもつながって、こちらの気持ちも明るくなります。青森県弘前市から来ました。

『未来食堂へ行こう！』に参加して

夏季講座『未来食堂へ行こう！』に参加し、小林さんへのプレゼンテーションから「共立ランチ」提供までを体験した生徒の感想をいくつかご紹介します。

「自分たちの考えたメニューが本当にお店に出されるかと思うと、楽しみです」

「初対面の人達ばかりでどうなることやらと最初は思ったけれど、メニューを考案しているうちに打ち解けたので、よかったです」

「プレゼン・スピーチのいろはやコスト・効率化を学べてとてもうれしいです。普段やらないことづくめでした」

「実際に社会に関わるのも大切なことだと身にしみました」

「3個上の先輩や同じ学年の子達と何回も話し合いを重ねて1つの献立を作れてよかったです」

「将来必ず役に立つであろうことを学べました」

夏季講座を終えて

学校関係者以外の方へプレゼンテーションする経験は、生徒を大きく成長させたようです。普段の授業とは違い、社会では事前準備はもちろんのこと、その場その場での臨機応変な対応が必要になることを認識できたのも、大きな学びとなりました。

School data!

共立女子中学校
KYORITSU GIRLS' Junior High School

所在地　東京都千代田区一ツ橋2-2-1
アクセス　都営三田線・新宿線・地下鉄半蔵門線「神保町」徒歩3分、地下鉄東西線「竹橋」徒歩5分、JR線「水道橋」・「御茶ノ水」徒歩15分
生徒数　女子のみ993名　電話　03-3237-2744

1班の「共立ランチ」の料理とチラシ

「未来食堂」でお手伝いをする生徒の様子

全員集合 部活に注目!

文京《ぶんきょう》学院《がくいん》大学《だいがく》女子《じょし》中学校

チアダンス部

初心者であっても、中1から大会に出場しているという、文京学院大学女子のチアダンス部。優秀な実績を残している理由は、先輩からの丁寧な指導と、地道な練習にあります。

今回紹介してくれたのは

中学3年生　部長
倉石《くらいし》 菜名《なな》さん

息の合った演技をめざして日々練習 振りつけや曲の構成を考える機会も

チアダンス部について教えてください。

倉石さん「部員24名で週に5日、おもに学校のホールで練習しています。

先輩と後輩は仲がよく、後輩が困っているのを見たら先輩から声をかけるようにしています。高校生も同じ場所で練習をしますが、大会に出る際の曲と振りつけが異なるため、8月から3月までの大会シーズンは練習メニューが違っています」

チアダンスはどんな競技ですか?

倉石さん「チアリーディングとは違い、お互いを持ち上げたり、組体操のような動きはせず、踊ることをメインとしているのが特徴です。ターンやジャンプのような、テクニックと呼ばれる要素や、ラインダンスなどを組みあわせて演技をします。また、フォーメーションを変えることで、効果的にお客さんや審査員にアピールをします。大会には人数制限はありませんが、多すぎると動きをそろえるのが難しいので、30人以内のチームが多いです」

発表の機会はどれくらいありますか?

文化祭での発表

今年の9月に行われた文化祭での様子。衣装やポンポンは新しいデザインに変わることがあり、そうすると生徒さんのモチベーションもさらに上がるのだとか

フォーメーション

人の位置や並びが次々変わるのも見どころの１つです。タイミングや全体のバランスを調整して、よりきれいに見えるよう練習します

ジャンプ

ジャンプは自分たちでカウントをとりつつ、音楽に合わせてタイミングをそろえています。より高く跳ぶためには柔軟性が重要だそう

ラインダンス

一列に並んで勢いよく足を上げるラインダンスは迫力があります

文京学院大学女子中学校〈女子校〉

所在地：東京都文京区本駒込6-18-3
アクセス：JR山手線・地下鉄南北線「駒込駅」、
JR山手線・都営三田線「巣鴨駅」徒歩５分
電　話：03-3946-5301
ＵＲＬ：http://www.hs.bgu.ac.jp/

倉石さん「大会に年間5回ほど出ているのと、4月は新入生へ向けたオリエンテーション、9月には学園祭でステージに立っています。発表は、大体2分半〜3分半ほどで、ステージによって異なります。学園祭では、※カラーガード部と合同での発表も行っていて、その曲や構成、振りつけは中3が考えています。

今年の8月には、初めて現在所属している部員で関東大会に臨み、中学生のインターミディエイト（中級レベル）の部で優勝しました。中1から中3までの全員でステージに立つので、まとめるのは大変でしたが、その分、優勝できたときは本当に嬉しかったです」

普段の練習の流れを教えてください。

倉石さん「まずは各自で柔軟運動をしっかり行い、筋力トレーニングをした後、2人1組でもう一度身体をほぐします。その後、自分たちで決めたメニューに沿って練習します。ステージでは、何曲かを組みあわせた構成の演技をするので、曲ごとに区切って練習メニューを組んでいます。色々な人の意見を聞いて練習メニューを作るようにしていて、後輩が難しいと言っていたところを取り上げることもあります。大会シーズン以外は、テクニックに必要な筋力をつけたり、アームモーションというチアダンスの決まった型などを練習します。これは、腕で上下にVの形を作る、といった、チアダンスの基本の動きです」

初心者でも練習についていけますか？

倉石さん「なかにはダンスやバレエを習っていた子もいますが、経験者よりも初心者の方が多いので大丈夫です。柔軟性が大切なスポーツなので、まずは身体を柔らかくすることから始めます。もともとは身体が硬くても、続けていくと柔らかくなります」

チアダンスの大変なところや、楽しいところはどこですか？

倉石さん「全体で動きをそろえることが重要なので、たくさん練習をしなければならず、勉強との両立は大変だと感じます。日々行われる小テストは、不合格になると、放課後に再試験を受けなければならないので、部活動に参加する時間が短くならないよう、コツコツ勉強するように気をつけています。

練習はハードですが、みんなと動きを合わせてきれいに踊れるようになると、達成感を味わえます。団体競技なので、色々な学年の人と話すことができるのも魅力だと思います」

読者にメッセージをお願いします。

倉石さん「いまは勉強で大変だと思いますが、中学校に入ると楽しいことがたくさん待っているので、頑張ってください」

※マーチングバンドにおいて、フラッグなどの手具を用い、視覚的表現を行うパートのこと

「藤村女子《ふじむらじょし》中学校」

新しい時代に一歩踏み出せ！

次世代を担う人材の育成を教育の根幹に置く藤村女子中学校。多様な教育活動を通じて建学の精神「知・徳・体」に基づく人間教育と女性としての未来の確立を応援します。

令和元年、新校長を迎えて

吉祥寺の自然とその街で働く人々に寄り添い、共に成長を続ける藤村女子中学校・高等学校（以下、藤村女子）。4月から新たに校長に就任された柳舘伸先生に今年度の取り組みについて伺いました。

「今後の学習指導要領の変更に合わせて、5年前に導入した特選コースと特進コースの2コース制をさらに充実すべく、1年ごとに具体的な教育目標を設定して新しい取り組みを進めていきます。高2の特選コース第1期生の中には医学部医学科を目指す生徒が数名いますので、今年度から医学部受験の専門家を招き、講演会や放課後講座の実施など、医学部医学科への進学の道筋を生徒たちに示していきたいと考えています。特進コースでも近年、看護医療系大学への進学が増えていますので、杏林大学を始めとする複数の大学との高大連携をさらに進めて、スポーツ科学系や医療系への進学を後押ししていきたいと考えています。

また、本校の教育理念の根底にある人の育成にも真摯《しんし》に取り組んでまいります。人を思いやる心、人の気持ちを大切にする心、両親に感謝する心など人として忘れてはならない心の持ちようを学校で育み、勉強も部活動も一生懸命に打ち込める環境を作っていきたいと思います。

生徒には、『やりたいことをやろう。やりたいことがなくても今やらなければならないことを一生懸命やれば必ず道は開かれる』とよく話をします。中学入学時に誰しもが将来の目標を明確に持っているわけではありません。やりたいことが今はよく分からなくても、勉強や部活動に一生懸命に取り組めば必ず将来の目標が見つかるはずです。生徒たちには、何事にもチャレンジして、新しい令和の時代に一歩踏み出していって欲しいと思います」

柳舘伸校長

吉祥寺フィールドワーク

藤村女子は、吉祥寺をフィールドにしてこの街で働く人たちとの交流を大切にしています。中学校では東京吉祥寺ライオンズクラブや街の方々と協力して井の頭恩賜公園の自然観察を毎年行っています。食物連鎖や自然生態系についての事前学習では、通常の授業では学ぶことのない内容まで一人ひとりが深く探究していきます。

高校では、今年の4月から「東京武蔵野シティFC」とのコラボレーション企画を立ち上げました。チーム応援グッズの企画販売、ホームゲームでの会場設営等のボランティア活動、そして女子校ならではのSNSを使った広報活動などで女性ファンの獲得をサポートし、Jリーグ昇格を目指すチームを学校を挙げて応援しています。

また、今秋のラグビーワールドカップを盛り上げるための「吉祥寺×ラグビー」イベントへのクッキング部の出店や横浜元町の老舗レース店の協力を得て実現した商品開発など、地域密着型アクティブラーニングとして豊かな心を育みながら将来の目標を考える良い機会となっています。

ハワイ修学旅行

ハワイ修学旅行（中3）とニュージーランド3か月留学（高1）

藤村女子は国際教育にも力を入れています。その中心的な行事が中3の5月に実施されるハワイ修学旅行です。事前学習ではハワイの歴史や火山に関わる問題、また日本との関わりについてもしっかりと学習します。そして現地の学校訪問では同年代の生徒たちと交流し、これまで自分たちが学んできた英語がどこまで通用するか身をもって体験します。

「ハワイ修学旅行は3泊5日の短い異文化体験ですが、英語力の必要性はもちろん、英語力を超えた真のコミュニケーション力の重要性に少しでも気づいてくれれば嬉しいです」と柳舘校長。現地の家庭へのホームビジットや自由時間には市内観光やショッピングなどもあり、ハワイを存分に楽しめるプログラムになっています。帰国後のまとめ学習も大切にしていて、初めての異文化交流で何を感じたか、この経験を今後の学校生活でどう役立てればよいかなど、将来の目標を考える良い機会となっています。

またグローバル社会に通用する感覚とコミュニケーション力の向上を目的として、２０２０年１月から、高校１年の希望者を対象としたニュージーランド３か月留学が始まります。今年度は13名が参加する予定で、事前学習から現地での様子などをブログにアップしていく予定です。

本物に触れる教育

現在、世界で活躍している専門家を招いて行われるキャリア教育講演会も藤村女子の特色ある行事のひとつです。

「2か月に1回ぐらいの割合でこの講演会を行っています。ＪＡＸＡ Ｈ２ロケットプロジェクトチームの白石紀子さんと日本紛争予防センター理事長の瀬谷ルミ子さんを招いた講演会が特に生徒たちに好評でした。瀬谷さんのお話に感銘を受けて、自分も紛争地の子供たちの教育に携わりたいと早稲田大学に進学した生徒がいます。現在、その生徒が大学で所属しているボランティア部と連携して、カンボジアの子供たちへの支援活動を本校でも始める予定でいます。生徒たちにとってこのキャリア講演会は『自分には何ができるか』『自分はどう生きていきたいか』を真剣に考える良い機会になっているようです」と柳舘校長は語ります。

そして高校では、将来の目標や進路先を明確にするための様々な進路サポートが用意されています。自己理解や職業研究、大学キャンパスツアーや現役女子大生によるキャンパス紹介など、一人ひとりの夢を実現するための体制が整っています。

「人工知能の発展と人間の役割」の講演会

「自己表現入試」を新たに導入！

２０２０年度入試は、２月１日(土)、２日(日)、３日(月)のいずれも午前に行われる１科（１日のみ）・２科・４科選択入試の他、２日(日)午前にプレゼンテーション(10分)と質疑応答(5分)による「自己表現入試」を新たに導入します。また、適性検査入試は１日(土)と11日(火・祝)の午前、１日(土)と２日(日)の午後には試験の結果に応じて奨学金が受けられるプレミアム入試を行います。

「今年度から生徒の要望をどんどん取り入れていこうと考えています。まず取り掛かるのは学習環境の改善です。ＩＣＴの充実は当然ですが、まず中学生が使う机と椅子をすべて新しくします。広い机と座りやすく移動しやすい椅子に換え、アクティブラーニングなどにも対応できる環境を作ります」と柳舘校長。

新校長のもと、ひとつひとつ丁寧に生徒に寄り添った教育を実践する藤村女子中学校。今後が楽しみな学校のひとつです。

学習センターでの自習の様子

森上's eye!

建学の精神を基に新しい教育にチャレンジ

「特選コース」には医学部医学科を目指す生徒もいるようで、かなりの学力の伸びがうかがえます。また、藤村女子ならではの吉祥寺フィールドワークも大変人気の活動になっています。今年度から柳舘伸先生が校長に就任され、今後さらに新しい取り組みも行われていくことでしょう。

School Data **藤村女子中学校〈女子校〉**

所在地 東京都武蔵野市吉祥寺本町2-16-3
TEL 0422-22-1266
URL https://www.fujimura.ac.jp/
アクセス JR中央線・京王井の頭線・地下鉄東西線「吉祥寺」徒歩5分

学校説明会（予約不要）
11月９日(土)
２月29日(土)【４・５年生対象】
※全日程14:00～

個別相談会
１月11日(土)14:00～

入試問題体験会
12月７日(土)14:00～

2020年度入試日程

	２月１日(土)	２月２日(日)	２月３日(月)	２月11日(火・祝)
午前	１科・２科・４科 適性検査入試 Ⅰ-Ⅱor Ⅰ-Ⅱ-Ⅲ	２科・４科 自己表現入試	２科・４科	適性検査入試 Ⅰ or Ⅱ
午後	プレミアム入試	プレミアム入試		

私学の図書館

vol.46

ただいま
貸し出し中

みなさん、読書は好きですか？
私学の図書館では毎号、有名私立中学校の先生方から「小学生のみなさんに読んでほしい本」をご紹介いただいています。ぜひ一度、手にとって読んでみてください。

大妻中野中学校

「ジェニィ」

著　者：ポール・ギャリコ
訳　者：古沢安二郎
価　格：710円＋税
発行元：新潮文庫

突然真っ白な猫になってしまったピーター少年は、大好きなばあやに、冷たい雨のそぼ降るロンドンの町へ放り出された。無情な人間たちに追われ、意地悪なボス猫にいじめられ──でも、やさしい雌猫ジェニィとめぐり会って、二匹の猫は恋と冒険の旅に出発した。猫好きな著者ギャリコが、一匹の雌猫に永遠の女性の姿を託して、猫好きな読者たちに贈る、すてきな大人の童話。（新潮社HPより）

先生からのコメント

人間を信じられない野良猫ジェニィと、猫が大好きな元人間猫ピーター。猫の生き方を教えてくれたジェニィに、ピーターが返した大切なものとは──？　人間だって猫だって、たくさんの困難を乗り越えて絆を深め成長するのです。イギリスの街を、海を、猫の目で大冒険したい人へオススメします！（国語科教諭　塩竈 千晶 先生）

正門を入ったすぐそこにある妻中（つまなか）自慢の図書室は、利用しやすさ抜群。本の大好きな中高生が笑顔で集っています。自然光たっぷりの明るい室内には、蔵書が約40,000冊。「知りたい」心に寄り添う知的空間には、プロジェクターも完備。調べる、まとめる、発表するという学習は、生徒の自信を育んでいます。

駒場東邦中学校

「マンガ年表 歴史を変えた100人の人生 上 古代～江戸」
「マンガ年表 歴史を変えた100人の人生 下 幕末～現代、世界史」

編　：学研プラス
価　格：各 3,700円＋税
発行元：学研（Gakken）

ビジュアル的かつわかりやすい、「マンガ年表」という、画期的な誌面！　歴史人物の人生が俯瞰してわかり、何歳のときに、どういう出来事が起こったのかが、一目でわかる！　織田信長、豊臣秀吉、徳川家康、坂本龍馬、西郷隆盛、ナポレオンらを掲載。

先生からのコメント

日本や世界で活躍した人物の生涯が、1歳（もしくは0歳）から年齢とともに紹介されています。どのページも見開きで完結しているので読みやすく、専門的な情報も多いため歴史の勉強にもおススメです。また、自分の年齢を偉人の年齢に重ねて読んでみるというのも楽しみ方の一つです。
（司書教諭　橋本 亜佳子 先生）

話題の新刊から専門的な本まで、様々なジャンルを取り揃えています。読書活動のほか、自習室としても多くの生徒に利用されています。中庭の緑に癒される広々とした図書室です。

獨協中学校

「ひとりで、考える 哲学する習慣を」

著　者：小島俊明
価　格：820円＋税
発行元：岩波ジュニア新書

2020年の教育改革を目前にひかえ、教育現場ではアクティブラーニングなど、自分で「考える」ことが重視されています。「考える」とはどういうことなのか、フランスの事例を紹介しながら「考える」について考えます。

先生からのコメント

「何のために生まれて　何をして生きるのか」　皆さんも歌ったはずの『アンパンマンのマーチ』の一節です。この問いの答えは一人ひとりが自分で考え、つかみ取っていくものです。この本は、それを考える上で導きとなる「ひとり」の大切さ、哲学することや想像力の大事さを分かりやすく説いています。（情報センター部長・社会科教諭　鳥山 靖弥 先生）

「哲学」という言葉を訳出した西周《にしあまね》を初代校長とする本校の図書館には明治時代から継承されてきた貴重な書籍や授業関連本、話題の新刊本まで80,000冊を超える蔵書があります。明るく開放的な雰囲気づくりとポップを始めとする書物との出会いを誘う展示の工夫と共に、読書会や文学散歩を企画するなど生徒達の知的活動を積極的に応援しています。

八雲学園中学校

「一人っ子同盟」

著　者：重松清
価　格：710円＋税
発行元：新潮文庫

ノブとハム子は、同じ団地に住む小学6年生。ともに"一人っ子"だが、実はノブには幼いころ交通事故で亡くなった兄がいて、ハム子にも母の再婚で四歳の弟ができた。困った時は助け合う、と密かな同盟を結んだ二人は、年下の転校生、オサムに出会う。お調子者で嘘つきのオサムにもまた、複雑な事情があって——。（新潮社HPより）

先生からのコメント

小学6年生のノブとハム子。大人になりたいけれどなりきれない自分へのいらだちやもどかしさ。さまざまな出来事に真正面から立ち向かう彼らの姿は、ほほえましく凛々しく感じられる作品です。一生けんめいに生きる姿に勇気がもらえるはずです！

（国語科教諭　秋山 恵子 先生）

落ち着いた木造の外観、室内は全館木目調で、温かみのある雰囲気で統一され、床からの一斉空調により常に快適な環境が準備されています。ゆったりとつくられた閲覧コーナー、自習スペースも生徒から人気です。インターネットの無線LANシステムも完備し、生徒たちがタブレットで調べものなどができるようになっています。

早稲田摂陵中学校

「自分では気づかない、ココロの盲点 完全版 本当の自分を知る練習問題80」

著　者：池谷裕二
価　格：1,000円＋税
発行元：講談社ブルーバックス

買い物で、得だと思って選んだものが、よく考えればそうでなかったことはありませんか。こうした判断ミスをもたらす思考のクセは、「認知バイアス」と呼ばれます。認知バイアスは、無意識のうちに判断ミスを引き起こす、いわば思考の錯覚。その不思議な世界を気鋭の脳研究者がひもときます。

先生からのコメント

一般に、右利きの人は視野の左側を重視するという。スーパーの目玉商品は左側の棚に並べると売れ、魚料理は頭を左に置くと食欲をそそる。これが脳のクセ、「認知バイアス」だ。その仕組みを脳科学で解説してあるので、自分の「判断5秒前」の状況が分かって面白い！

（図書館司書　千葉 千晶さん）

蔵書は35,000冊。年間を通じて図書館イベントやテーマ展示があり、来館するたびに新しい発見のある図書館です。英語多読本800冊を使っての多読マラソンでは、「読むことは楽しい、英文であっても」を体験できます。リクエストサービスを充実させ、生徒さんの「読みたい！　知りたい！」を応援しています。

鎌倉女学院中学校

「クジラのおなかからプラスチック」

著　者：保坂直紀
価　格：1,400円＋税
発行元：旬報社

世界でも、とくにプラスチックごみが集まりやすいとされる日本の海。
その実態は？　人体への影響は？　世界は、日本はどう動いているのか？
海洋プラスチックごみ問題の最前線を取材しました。

先生からのコメント

2018年夏、由比ヶ浜海岸に漂着したクジラの体内からも大量のプラスチックが見つかったことは、環境を学ぶ本校の生徒にとってもショックでした。生活を見直し、すぐ行動に移す必要があることが分かります。私たちは何を知り、どう行動すべきか、この本で探ってみませんか？

（司書教諭　中田 麻紀 先生）

グループ学習を中心とした授業で使われることが多く、フィールドワークが近づくと、部屋を取るのが大変なときも。書籍とパソコンやタブレットを同時に使いながら意見をまとめて発表の準備をします。もちろん昼休みや放課後は、お気に入りの本やおすすめの本を探して本棚の間を行き来する姿が見られます。

東京都市大学等々力中学校

「自由と規律 —イギリスの学校生活—」

著　者：池田潔
価　格：720円＋税
発行元：岩波新書

ケンブリッジ、オックスフォードの両大学は、英国型紳士修業と結びついて世界的に有名だが、あまり知られていないその前過程のパブリック・スクールこそ、イギリス人の性格形成に基本的な重要性をもっている。若き日をそこに学んだ著者は、自由の精神が厳格な規律の中で見事に育まれてゆく教育システムを、体験を通して興味深く描く。

先生からのコメント

『自由と規律』は、本校のスクールアイデンティティの根幹をなす一冊とも言える本です。共学化・校名変更を推進した現校長の原田豊は、本書に流れる精神に触れて、「noblesse　oblige」を本校の教育の精神の支柱としました。この本を読めば、都市大等々力の精神が理解できます。

（国語科教諭　野﨑 裕之 先生）

入り口を入るとまず「知のトンネル」を通ります。右手のSIC shot と名付けられたボードに様々なキーワードが浮かび上がり、その一つに手をかざすとキーワードに関係する書籍がボードに紹介されます。「知のトンネル」を抜けるとリテラシー力を鍛える書架エリアがあり、SIC shot の裏にはPCによる検索やプロジェクトベイスドの学習にてきしたグループ学習室があります。

ココロとカラダの特集

子どもに自信を持たせる方法

子どもが自信なさそうにしていると心配になります。子どもに自信を持たせるにはどうしたらいいのでしょうか。臨床心理士の的場永紋さんは、自信イコール成功体験の積み重ねだと語ります。そして、成功体験を得るためにはコツがあるというのです。自信につながる成功体験を得る方法について的場さんに聞きました。

イラスト／宮野耕治

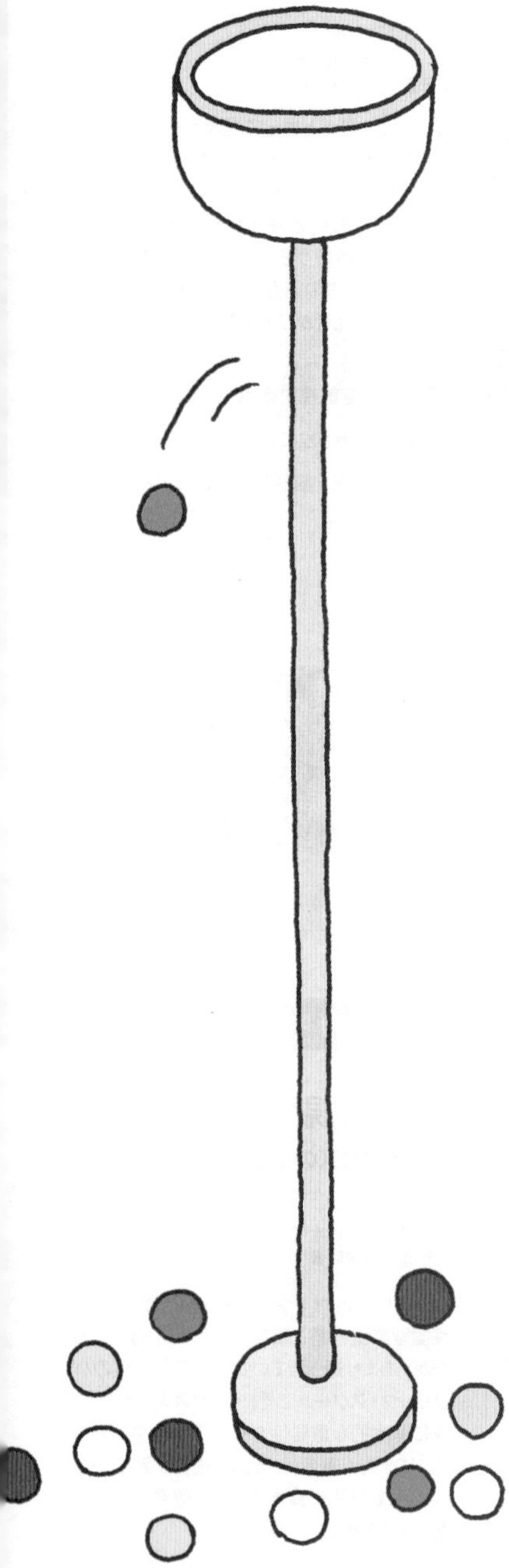

的場永紋
まとば・えいもん
臨床心理士。公認心理師。心のサポートオフィス代表。東京都スクールカウンセラー。埼玉県の総合病院小児科・発達支援センター勤務。子どもから大人まで幅広く心理支援を行なっている。

「自信を持ちなさい！」という励ましは逆効果

望ましい成果を得るためには、目標を掲げて、それを達成するための計画を立てることが必要です。でも、計画通りに行動して、成果を手に入れる子もいれば、計画倒れになってしまう子もいます。その違いはどこから来るのでしょうか。目標設定の仕方や計画の立案の問題もありますが、もう一つの大きな違いは、「自分ならできる！」「自分ならこなせるぞ！」という自信の有無です。大きな目標や夢があっても、「どうせ自分には達成できない」「努力するのは無理だ」という思い込みが強くあれば、目標に向かって前に進めません。

子どもを伸ばす子育てのヒント

CASE 33

自信＝成功体験を得るための5項目

❶ スモールステップを設定する
❷ 成果が具体的にわかるように
❸ 努力の過程が大事だと思う
❹ 反復練習に目的意識を持つ
❺「やった！ できた！」と喜ぶ

　では、どのようにすれば自信を持つことができるのでしょうか。

　子どもが挑戦するのに尻込みしていたり、弱音を吐いている姿をみると、つい「もっと自信を持ちなさい！」「やればできるから大丈夫！」と励ましたくなってしまいます。しかし、自信を失っている子に対して「自信を持って」と直接伝えることは、逆に自信を失わせてしまうことになるのです。「自信を持って」と励ますことは「あなたは自信がない。それがいけないのだ」というメッセージ伝えることでもあります。そのメッセージにより、自信のない子はますます、自分はダメだと思ってしまうのです。

　矛盾しているように聞こえるかもしれませんが、自信を育むためには、まず「自信がなくても大丈夫」と思えることが大切なのです。自信がない状態にある子どもほど、自信に対するこだわりが強くて、「自分は自信がないから○○できない」「自信があると感じないといけないんだ」と誤解していることが多いのです。

　親御さんの方も、自信にこだわって、「子どもに自信がないのは、育て方が悪かったからでしょうか？」と悩んだりされます。しかし、育て方の問題は、多くの場合、あまり関係ありません。それよりも、これまでに試みた行動が結果に結びついていないことのマイナスが大きいのです。つまり、成功体験よりも失敗体験の方を積み重ねて自信を失ってしまうのです。

　自信をつける方法というのは、実は単純なのです。とにかく成功体験を積み重ねていくことです。それによって、自信が身についてきます。

　成功体験とは、「今はできないこと、苦手なこと」が努力（練習）の結果、「うまくできるようになる、上達する」ということです。自分で掲げた「こうなりたい」という目標に対して、「自分で決めた」努力をして、その結果、達成することができたということが重要です。すでにできていることを、ただこなしても、成功体験として自信につながることはありません。

　こうした成功体験を得るためには、次の5項目が必要になってきます。

❶スモールステップを設定する

　まずは、自分がステップアップ

自信のない子ほど、
自信に
こだわる

自信がある子は、
自信に
こだわらなくなる

「自信」という殻を破る

自信があろうがなかろうが、行動ありき

しているのを実感することが必要です。そのためには、スモールステップを設定することが大事になります。目標に向けて小さなステップを作り、それを繰り返し達成していくことで、成功の実感を得るのです。

いきなりハードルの高い目標を設定して、それを達成することだけを意識してしまうと、うまくいかなくて、失敗体験になってしまいます。

もし、子どもが大きな目標だけ掲げている場合は、それを達成するためのステップを作るように、サポートしてあげましょう。まずは「できた！」と実感できる小さなステップを作るのです。

❷成果が具体的にわかるように

次には、自分がステップを上がっていること、目標に近づいていることを具体的に把握できるようにすることも大切です。数字などで、客観的に自分の成果や上達の程度が把握できると、目標に向けた努力が大事であると実感できるようになります。自分が上達していることを実感できていない子に対しては、上達している所や、目標に近づいていることを教えてあげるとよいでしょう。

❸努力の過程が大事だと思う

また、目標を達成するまでの努力（そこに至るまでの過程）が大事だと思えることは、やる気を高め、さらに「努力すれば目標に近づくことができる」という自信につながっていきます。親が子どもに対して、結果だけを求めるのは避けたいことです。親は、結果に対してよりも、毎日の努力に対してねぎらったり、認めるなど、肯定的なフィードバックをしてあげることが大切です。

❹反復練習に目的意識を持つ

同じ課題を繰り返すことがステップアップに必要な場合もありますが、反復練習は退屈で飽きやすいものです。しかし、自分が何のために繰り返し練習しているのかという目的をしっかり理解して目的意識を持つことで、やる気を持続させることができます。子どもが目的についてわかっていなかったり、忘れてしまっている時は、一度立ち止まって、親子一緒にそれを確認するようにしましょう。

❺「やった！できた！」と喜ぶ

子どもを伸ばす子育てのヒント
CASE 33

達成したときに「やった！できた！」と喜びの感情が伴うことによって、より一層大きな成功体験となります。強い感情が喚起されると、その出来事は記憶に強く残りやすいのです。そのため、ステップをクリアしていく度に、喜びの感情が強まるような工夫もあるとよいでしょう。一緒に喜んで、感情を共有するだけでも良いと思います。

失敗体験が重なった子はまず心の回復が必要

自信がない子は失敗体験を積み重ねてしまっています。そのため、自信を取り戻すには、成功体験を上書きしていく必要があります。しかし、「自分にはどうせ無理」と考えることで、やれない、やる気がおこらないという状態になってしまっています。ひどく自信を喪失している時は、無気力になってしまうこともあります。

まずは、失敗体験で傷ついている心の回復を図ることが必要です。そのためには、もうこれ以上、失敗体験をしないで済むという「安全感」が必要になります。そして、自信を失っている状態であることを責められることなく、周囲に受け入れてもらえているという「安心感」を抱けることも重要です。安全感と安心感を持つことができれば、心の傷は時間と共に回復していきます。

もし子どもが、失敗したことを悪いことだと評価しているならば、失敗は悪いことではないこと、失敗が成功につながることを伝えてあげてください。

激しい競争の中でサバイバルしてきた子どもには、勝ち負けで人の価値を判断しやすい面があります。そのため、失敗したら「自分はダメ人間」「負け組」と自己卑下しやすいのです。

勝ち負けだけではない価値観や、親が大切にしたい生き方などを伝えるのもよいと思います。他者との比較ではなく、自分の中の成長を大切にする姿勢を伝えることも大切です。

そして、これまでの過去の成功体験を思い出すことも、自信を取り戻していく上で役に立ちます。過去の成功体験を思い出せば、再び挑戦しようとする気持ちが出てきやすくなります。

あるいは、憧れの人や他者の成功体験を見たり聞いたりすることでも、「自分も努力すればできる！」という想いを強くすることができます。どのような努力をして目標を達成することができたのか、その人のスモールステップを具体的に知ることが大切です。

疲労やストレスの蓄積も、「やればできる」という自信の形成に悪影響を及ぼします。規則正しい生活リズムや十分な睡眠時間の確保、休息、ストレス解消など、心身のメンテナンスを日々心がけることも、自信を維持するために必要なことです。

先に述べましたが、自信のない子ほど、自信にこだわります。自信のあるなしが気になるのです。その逆に本当に自信がある子は、自信にこだわらなくなります。「自信があろうがなかろうが、行動ありき」なのです。目標に向けて、行動を起こして、とりあえずやってみます。このように子どもが「自信」という殻を破って踏み出すことができれば、大いに成長したことになります。

長いスパンで考えれば、たとえ失敗でも、次の成功につながるための経験なのです。失敗体験も成功体験の糧であり、「失敗とは成功に一歩近づいただけ」と言えるのではないでしょうか。

子どもの本音

正直疲れるけど、ぼっちになるのは怖い。スマホを手放せません。

学校では友達といつも一緒、家でも友達とスマホでやり取りをしなくちゃいけない。正直疲れるけど、ぼっちになるのは怖い。一人でいても何をすればいいかわからなくて、スマホを手放せません。（小6女子）

アドバイス

高学年にもなると、友達とのつながりを意識するようになり、グループ化しやすくなります。その分、一人ぼっちになることへの不安は高まりやすいです。そのため、学校だけでなく家でもスマホを手放さず、友達とやりとりし続けなければならない、という強迫的に考えてしまう子もいます。**スマホというより友達に依存している状態は、気を抜く暇もなく、疲れるものだと思います。**

誰かに自分を満たしてもらうのには限界があります。自分で自分を満足させ、一人でも充実した時間を過ごせるようになることは、大人になっても大切なことです。**自分の好きなことを見つけ、友達から離れて自分の時間をつくることで、日々感じるストレスから解放され、また新たに頑張ることができます。**友達と適切な距離を保って付き合えるようになっていくのも、大切なことだと思います。

友達とほどよい距離感を持つための6項目

3 自分自身のために使う時間を持つ（スマホを手放す時間を持つ）

スマホは何時以降使わない、何曜日は連絡を取らないなどルールを決め、自分だけのために使う時間を作ってみる。

4 自分一人で楽しめることを探して、趣味を持つ

自分の興味のあるもの、好きになれそうなものを見つける。本やネットで調べたり、誰かに尋ねたりして情報を集め、試しにやってみる。

5 友達（他者）優先ではなく自分優先に生きてみる

周囲に合わせて考えるのではなく、自分自身は何に喜びを感じるのか、何をしたいのかという、自分の欲求を中心においてみる。

6 一人の時間を楽しんだうえで、人との関わりへ

一人の時間を持ち、心のエネルギーが充電できたら、また、友達との関わりを持って楽しむようにする。一人の時間を持ち、心に余裕ができれば、ほどよい距離感でつきあえるようになるはず。

的場永紋先生の 親の悩み

親が子育てに悩んでいるとしたら、
子どもにも、不満や悩みがあります。
このコーナーではその親の悩みと
子どもの本音の両方に対して、
的場永紋先生が臨床心理士の立場から
アドバイスします。

小学4年生の息子は、あまり一人で行動したがりません。まわりの子は一人で習い事に行ったりしているようで、このままでは自立できないのではないかと心配です。

アドバイス

小学校高学年にもなると、保護者の付き添い無しに子どもだけで行動することが増えてきます。塾や習い事など、行き帰り一人で、ということも多いでしょう。子どもによっては、一人で行動できるようになったことに自信を感じ、より積極的に一人で行動したがるかもしれません。保護者にとっても、付き添い無しで子どもだけで行動してくれるのは大歓迎ではないでしょうか。

しかし、子どもによっては、**一人で行動することにまだ不安を感じるという場合も少なくありません。**それまで保護者の付き添いがあった状態から、突然これからは一人でとなったら、不安を感じるのは当たり前です。口には出さずとも、子どもは日常の様々な場面で、大なり小なり緊張や不安を感じているものです。経験や知識が乏しい子どもにとっては当然のことですが、中には緊張や不安を強く感じる子どももいます。そういう子の場合は、最初は親が少し離れて付いていくなど、**できそうなことから少しずつ慣らしていくことが大切です。**また、道順を一緒に確認したり、困った時の対処法を一緒に考えたりすることも、子どもの不安を軽減するのに役立ちます。

一人で行動できるというのは、子どもにとって自立への第一歩かもしれませんが、一人でやらなければ自立できないというものではありません。子どもが自立するために必要なのは、**一人でやれたという経験だけでなく、保護者に見守られているという安心感です。**保護者の元で安心感を得られれば、そこでエネルギーを蓄え、外に向かって一人で進んでいくことができるのです。

1 まず、対人ストレスに気づくこと

なによりも、人間関係のストレスが溜まっていないかどうか、気づくことが大事。一人になって初めて、対人ストレスが溜まっていたことに気づくこともある。

2 友達から離れた一人の時間を持つことが大切であることを知る

友達が何をしているか気がかりになり、最初は、戸惑い不安になるかもしれないが、勇気を持って一人の時間を持つ。

要注意のスマホから子どもの目を守ろう

最近、近視になる子が増えています。その原因だと考えられているのがスマートフォンです。スマホは使い方によっては子どもの目を悪くする道具になってしまいます。子どもの目や健康を守るスマホの使い方を聞きました。

文／深津チヅ子　イラスト／the rocket gold star

スマホに夢中になると
だんだん画面に
顔が近づいてしまう

スマホの普及で近視率が増加した

小学生でもスマートフォン（スマホ）を持つことは今や珍しいことではありません。内閣府の一昨年度の調査では、小学4〜6年生のスマホ・携帯の所有・利用率は55.5%。半数以上の子が日常的にスマホに接していることになります。そこで危惧されるのが健康への影響です。とくに、まばたきもせずスマホ画面を見続ける子どもの姿を見ると、目への影響が心配になります。

実際、近視の子は近年増える一方で、文科省の調べによると、昨年度には小学校で裸眼視力が1・0未満の児童の割合が34・1%になりました。

近視の原因には大きく分けて、先天的要因と後天的要因があります。もともと近視の遺伝的要素を持っている場合、小学校高学年で成長期に入ると、眼球が奥に向けてやや楕円形状に成長するためピントがずれてメガネをかける子が増えてきます。これは致し方のないことで、増加の原因にはなりません。問題は後天的要因です。

ご存知のように、昔から、勉強や読書で手元を見る時間が長いと目が悪くなると言われてきました。親御さんも学校で注意を受けたのではないでしょうか。こうした目とモノとの距離が近い状態で作業することを近業と言いますが、最近の子どもたちの近業の代表格といえば、本に代わってスマホや携帯ゲーム機の使用で、その普及に連動するように近視率も増加しています。

「私たちが調べたところでは、子どもたちは夢中になると、だんだん小さな画面に顔が近づいていき、15㎝くらいの間隔で操作していました。推奨されているのは40㎝以上ですから、その半分以下の近さでスマホと向き合っているのです」と話すのは、慶應義塾大学医学部特任准教授で、おおたけ眼科つき

小学校での裸眼視力1.0未満の児童の割合（%）

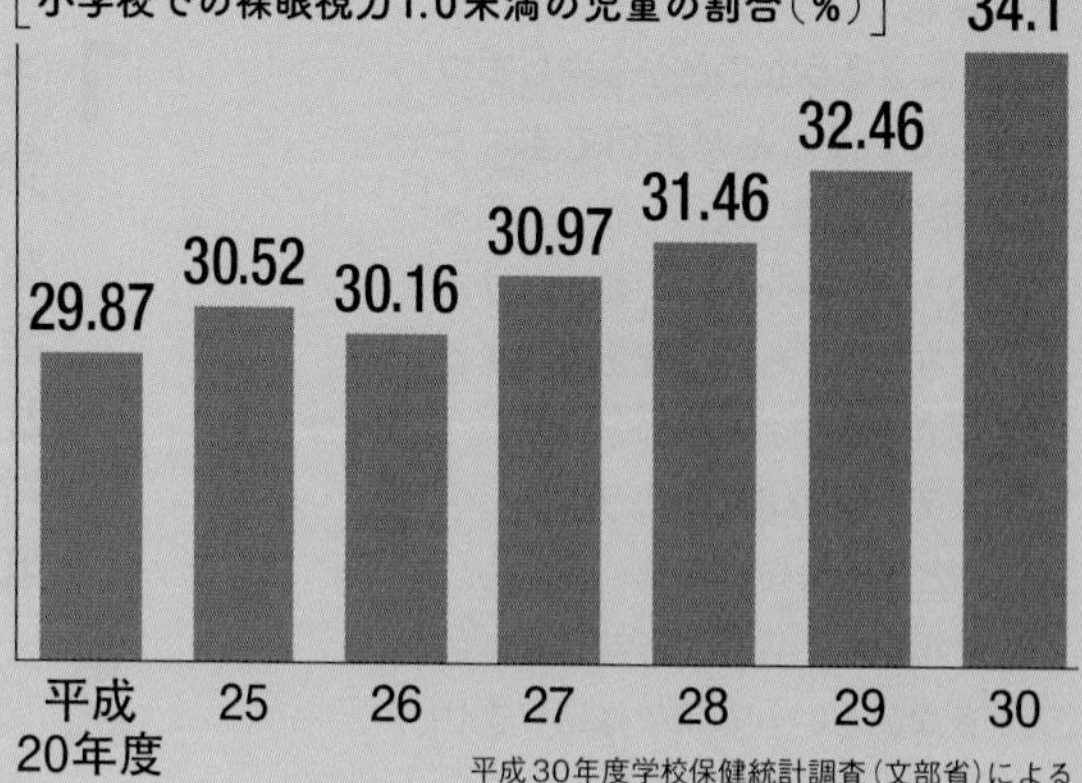

平成30年度学校保健統計調査（文部省）による

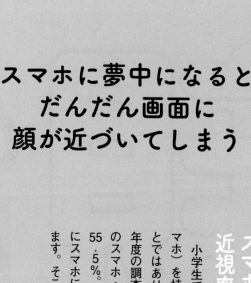

み野医院院長の綾木雅彦先生。綾木先生によると、スマホ操作のような近業の時間が長く続くと、ピントを合わせる目の筋肉がその状態のまま固定されて近視が進んでしまうといいます。こうした現状に拍車をかけ、いっそう子どもたちの近視を推し進めているのが、屋外活動の減少です。

ブルーライトの影響が心配される

外国で行われた実験ですが、休み時間を屋外で過ごすグループと教室内で過ごすグループに分けて1年後に視力を調べたところ、両者の間にはっきりと差が出たのです。

「ポイントは太陽光。太陽光の中の紫色の光、バイオレット光には、近視の進行を抑える働きがあることが慶応大学の実験でも証明されています。成長に伴い近視は増えてきますが、継続的に一定量の太陽光を浴びることで、視力低下のスピードを抑えることができるのです」（綾木先生）

バイオレット光は窓ガラスを通過しないため、室内で窓ガラス越しの光を浴びても効果はありません。子どもたちの屋外活動が減っている背景にもスマホやゲーム機があるのは間違いありません。せめて学校の休み時間だけでも、屋外に出て過ごした方が目のためにもいいわけです。

視力の問題だけではありません。スマホやゲーム機は、強い光を放つという点でも注意が必要だと綾木先生は警告します。

「これらには、光の中にあるブルーライトという青色光の成分が電灯より多く含まれています。ブルーライトは、目に見える光の中で最も波長が短くて強いエネルギーを持ち、目に入ると、角膜や水晶体で吸収されることなく直接網膜に届くため、さまざまな影響が心配されるのです」（綾木先生）

とくに子どもの目は光に対する感受性が強く、大人と同じようにスマホを見ても、数倍の刺激を受けてしまうといいます。

具体的に、どんな影響があるのでしょうか。これまでも、散乱して目が疲れやすくなったり、光を感知する網膜にダメージに与えるなど指摘されてきましたが、今、最も懸念されているのが体内時計への影響です。

ブルーライトはスマホなどのデジタル機器だけでなく、テレビ、LED照明、太陽光などあらゆる光に含まれおり、特別な光ではありません。目から入ると、その情報は睡眠ホルモンのメラトニンが作られる松果体に伝えられて、メラトニンの分泌をストップさせ、体内時計をリセットして体を「おはようモード」に切り替える働きがあります。ですから、朝はブルーライトの多い朝日をしっかり浴びることがとても大切です。

ところが、夜、ブルーライトを見すぎたらどうでしょう。本来なら「おやすみモード」に入る時間帯にブルーライトが睡眠ホルモンの分泌を止めてしまいますから、眠れなくなり、朝、起きられずに不登校につながったり、体調不良や心身の健全な成長を妨げることになりかねません。日中ぼんやりとして集中力が落ち、学力にも影響してくるでしょう。

まずは、スマホやゲーム機の長時間使用を控え、夜は、遅くても寝る2時間前から使わないようにすることです。夕方以降、学習用にタブレットやパソコンを使いたいときは、画面の光量を落として刺激を和らげるといいでしょう。最近のデジタル機器はブルーライトカット仕様のものが多くなっていますが、そうでない場合は、市販のブルーライト対応眼鏡を使うと、半分以上カットできます。

照明にも配慮を。同じ光源でも電球色は白色系に比べて含まれるブルーライトの量が少なく、目や心身に優しい光になります。

子どもの目や脳を守るために、今一度、家族でスマホの使い方を振り返り、節度ある使い方をしていきたいものです。

太陽光を浴びると
視力低下が抑えられる

親子で
ココロとカラダに効く呼吸法

Vol. 16

「前屈のポーズ」で朝はスッキリ、夜はぐっすり

教えてくれたのは

畑中麻貴子先生
ヨガインストラクター＆ライター。ヨガや太極拳、気功、ソマティックスなボディワーク、セラピー、食など東西のさまざまな学びを通じ、いかに自分の身体と仲よくなり、本来持っている「健やかさ」を培っていくのかを探求中。
https://yoga-gathering.amebaownd.com/
写真／瀬戸正人

みんなが慣れ親しんでいる「前屈のポーズ」は、やり方を少し工夫するだけで、実はふたつの効果があります。リフレッシュとリラックス──朝は足と肩を十分に引きのばしてカラダを目覚めさせ、夜は背骨をゆるめて一日頑張ったのアタマの疲れをとります。

● カラダへの効果
朝／足の裏側が伸びると、柔軟性・運動能力がアップ。
夜／背骨・首・肩の緊張がとれ、神経が休まります。

● ココロへの効果
朝／目覚めスッキリ、軽やかな気分になります。
夜／自律神経が整い、ぐっすり眠れます。

朝バージョン　ひざ裏をしっかりストレッチしてリフレッシュ

背骨とひざをしっかりのばして座る
かかとをマットと直角に。吸う息で、両手を天に向かってのばします。サポート役は後ろから腰部分にひざとももを当てて、背中が丸まらないよう腰を支えてあげましょう。

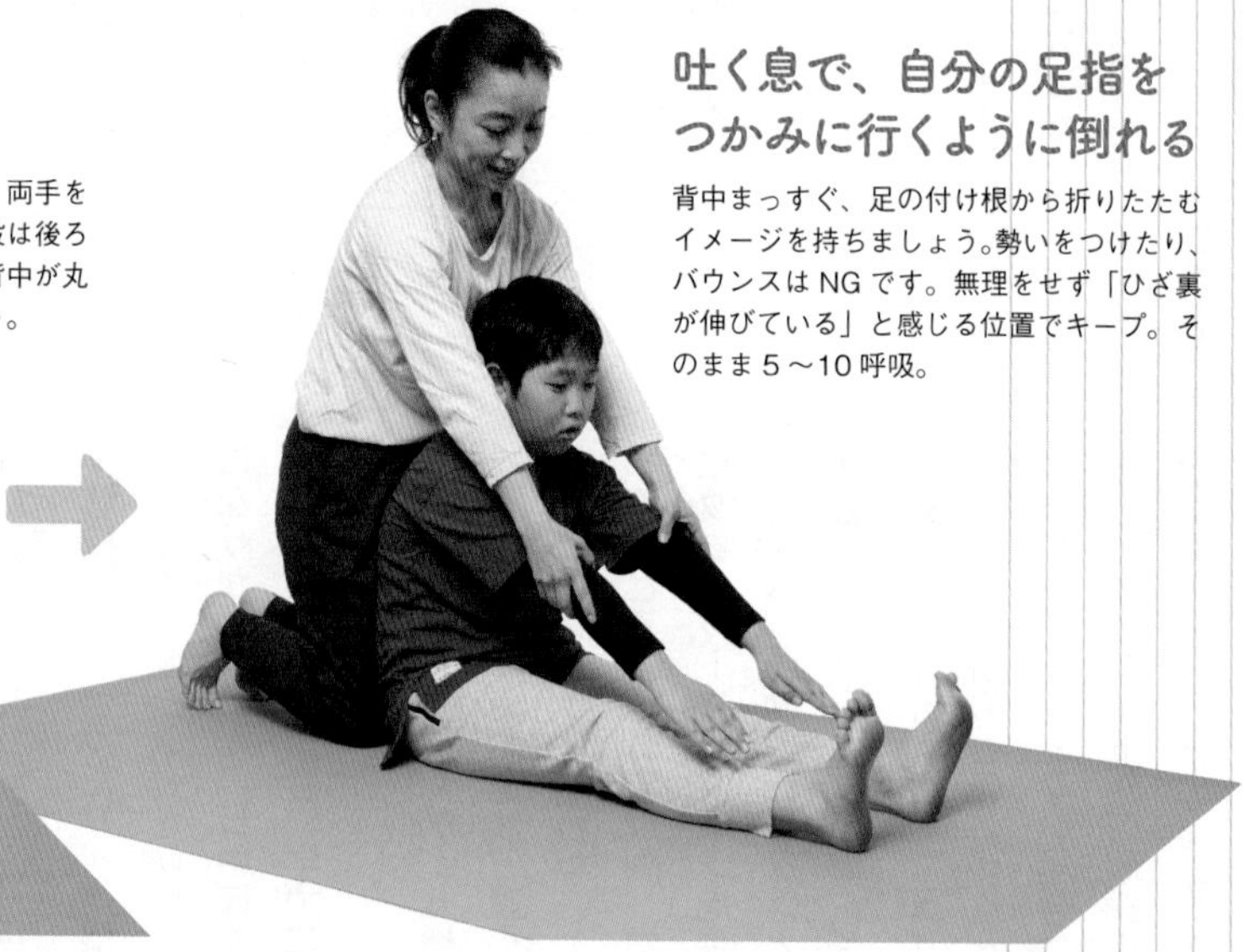

吐く息で、自分の足指をつかみに行くように倒れる
背中まっすぐ、足の付け根から折りたたむイメージを持ちましょう。勢いをつけたり、バウンスはNGです。無理をせず「ひざ裏が伸びている」と感じる位置でキープ。そのまま5〜10呼吸。

夜バージョン　ブランケットやクッションを使って3分間のリラックス

&

ひざ下　曲げたひざ下にまるめたブランケットやクッションを入れて足を支えてあげます。心地よいストレッチ感を感じながら全身の力を抜き、目を閉じてゆったり呼吸3分間。

お腹　ひざを曲げ、ももとお腹の間にまるめたブランケットやクッションをはさんで脱力。緊張していたお腹や首と肩もゆるみます。目を閉じてゆったり呼吸3分間。

音楽会を前に体調を崩した4年生「魔法のアメ」で何とか乗り切った

保健室は子どもたちにとって大切な居場所です。
そこでは、担任の先生や親の前とは違った顔を見せてくれます。
子どもたちの今を、保健室よりお伝えします。

文／五十嵐 彩・いがらし あや　東京都内の公立小学校で養護教諭
イラスト／ふじわら かずえ

音楽会の練習をするたびに調子をこわして吐き気が

４年生の綾乃がよく保健室に来るようになりました。これまでそれほど保健室に顔を出したことがなかったので、「珍しいな」というのが第一印象でした。そして、体調不良を訴えるのが毎回音楽会の練習中であることが少し不自然で気になりました。音楽が苦手で練習がしんどい、楽器を演奏することができない、友だちがちょっかいを出してくる…などさまざまな理由を想像しながら、本人に何気なく尋ねました。「音楽会の練習中に来ることが多いけど心配なことがあるのかな？」「たまたまだと思うよ」と、本人は思い当たることはなく、音楽も発表も苦手ではないと言います。

それでも、練習中の来室が続くので、とても心配になりました。「吐き気がする」と言って顔色も悪く、嘔吐はしないものの口を開けてえずいていることもありました。このような様子が続くようであれば、音楽会本番も出ることができないかもしれません。私はもう一度「どんな時に具合が悪い？」「歌っている時」「歌は苦手？」と聞きましたが、「ううん、歌は好き。でも、歌っていると吐きそうになる」とい言って綾乃はうつむきます。

私は原因を探ることよりも、音楽会をどうやったら乗り切れるかを考えようと気持ちを切り替えました。そして、『『魔法のアメ』持ってるんだけど食べてみる？」と声をかけました。キョトンとしている綾乃に「前に気分が悪かった時にアメ舐めて治ったことがあってね…」と机の引き出しに入っていたアメをこっそり綾乃の口に入れました。するとしばらくして、「気持ち悪いのが治った！」とうれしそうに言います。

この時、すでにリハーサルの前日になっていました。そこで、「発表の時間の少し前にこっそりアメを口に入れて、歌えなかったら口パクでもいいんじゃない？みんなの声で合唱は成功するよ。明日は綾乃の好きな味のアメを準備しておくよ」「じゃあ、ぶどう味がいい！」といってニコニコしています。こうして私たち二人は「秘密の『魔法のアメ』作戦」を実行することになりました。

本番は時々えずきながらも最後まで鉄琴を演奏した

リハーサルの日、ステージに移動する綾乃の口にそっとアメを入れて、「絶対にうまくいくよ！」と念を押しました。合唱が始まり、青白い顔をして立っている綾乃の姿をドキドキしながら見守りました。学年の発表が終わり、声をかけると「作戦の効果バッチリ！明日もこれで音楽会に出られそう」と、飛び跳ねながら喜んでいました。

音楽会当日も、綾乃の近くで見守ることにしました。ステージに上がるとまた顔色が悪くなり、こちらまで緊張しました。合唱を終え、次の合奏になると鉄琴を叩きながら時折えずきながら演奏しています。「もう、ここまででいいよ」と声をかけようか悩みました。でも、「魔法のアメ」の効果を信じて必死で演奏する姿を涙をこらえて見つめることしかできませんでした。私も緊張していたのか、観客の大きな拍手で演奏が全て終わったことに気がつきました。綾乃を見ると、笑顔でお辞儀をしています。退場の際に、一人一人に「素敵な演奏だったよ」「うまくいったね」と声をかけながら、綾乃ともハイタッチをしました。それ以来、綾乃が同じような理由で保健室を訪れることはなくなりました。音楽会に対する精神的な緊張が、綾乃のからだや心を辛くさせていたのかもしれません。

綾乃が音楽会を最後までやり抜けたのは「魔法のアメ」のせいではなく、綾乃がなんとか音楽会を成功させたいと強く思っていたからだと思います。調子の悪さを抱えながらも、自分の思いを成し遂げる子どもから「力」をもらった出来事でした。

子どもたちの名前は仮名です。個人が特定できないように事実関係に手を加えている場合があります

ココロの Interview 78

赤江珠緒

［アナウンサー］

子育ての2大テーマがあるんです 本と虫が好きな子にしたい

ラジオが最近、人気です。スマホやパソコンで聞く人が増え、その面白さが再評価されているのです。その世界で活躍しているのが、「たまちゃん」こと赤江珠緒さん。朝のワイドショーでの司会などフリーアナウンサーとしてテレビで活躍していましたが、子育て中の今はラジオに軸足を移し、連日、明るい声を聞かせてくれています。
子育てと仕事、忙しい日々ですが、持ち前の前向きさで、「ちょっと前の悩みも、振り返れば消えてますね」と話してくれました。

文／矢部万紀子　写真／越間有紀子

娘が9ヶ月になってラジオに復帰した

42歳で産んだ娘が、今年の7月で2歳になりました。姉に3人、弟に1人、合計4人の甥っ子姪っ子の面倒をけっこうみていたので、あまり神経質にならず、大雑把に育てたところはあるかもしれませんね。それでも自分の子どもと甥っ子姪っ子の違いには驚きました。生まれて1ヶ月くらいして、ふと気づいたら、「可愛い」って言ってなかったんです。

出産前後は実家にいたので、不安になって「姪っ子、甥っ子たちには可愛いって言ってたけど、この子には言ってない。私、可愛いって思ってないのかな」って親に言ったら、「当然です」と言われました。母親がいなければ死んでしまうようなか弱い存在を前に、とにかく生かさなきゃって責任感がわいているんだから当然だよ、と。可愛くても一々口に出して愛でる余裕がないのだということ、育てて初めてわかりました。

娘が9ヶ月になった昨年4月、「たまむすび」（TBSラジオ）に復帰しました。月曜から木曜の午後1時から3時半までの生放送で、私がメーンパーソナリティーの番組です。

朝は夫が娘を保育園に送り、私は正午に局に入り、放送を終えて打ち合わせなどをして、直行で5時に迎えに行きます。1年以上経ちましたが、常に葛藤はありますね。

復帰のタイミングで娘を保育園に預け、夫が育児休業を取ってくれました。3ヶ月でしたが、その時はスムーズだったんですよ。家事もできる人なので、「これはいけるぞ、よしよし」なんて思っていたのですが、夫の育休明けからが本当に大変でしたね。仕事が3倍くらいになりました。夫はテレビ局で夜の番組を担当していますから、帰るのが深夜3時。それでも朝起きて、保育園に送ってくれます。でもそれ以外はすべて、私のワンオペになっているのが実情です。

高齢出産というのがあるのかもしれませんが、自分の体力が落ちているところに、子どもが保育園で風邪をもらうと私にも感染って、お互いに行ったり来たり。去年の冬など親

TBSラジオ

子で永遠に治らないのではと思うほどでした。これは体力的に限界を超えている、仕事を続けていいのだろうか、と正直悩みました。

ただ「たまむすび」は、曜日ごとのパートナーと一緒にゆるーい雰囲気で進める番組です。そもそも出産後、復帰できるかと悩んでいた時、水曜パートナーの博多大吉さんが「いやいや赤江さん、元々そんなにちゃんとしてませんでしたよ」と言ってくれました。ちょっと休んでる間に、キャリアウーマンとしてビシっとやっていたような気になっていたんですが、「そうでもなかったか」と思って戻った経緯もありました。

「親はこうあらねば」と自分を責めてしまう

とは言え出産前は、もっと仕事に時間をかけていました。良いパフォーマンスを維持するため本を読む、ゲストに来る方のことを調べる。そういう時間がなかなか取れない。それに自由にトークする番組ですから、世の中の動きを引き出しに入れておかなくてはならない。ニュースを見たり、ドラマを見たりという時間が、私にとっては下準備です。でもこれって、はたから見たら「テレビばっかり見てる」なんです、いかんせん。

誰かに言われたわけではないです。夫も手伝いに来てくれる両親も、そんなこと言いません。でも私自身の中に「親はこうあらねば」という固定観念があって、自分で自分を責めてしまう。もっと自由に生きているつもりだったんですけど。

実家は父がサラリーマン、母が専業主婦という典型的な昭和の家庭でした。私の中の母親像に働くお母さんというのはなく、おやつも手作りしていたような自分の母しかないんですね。だから母にしてもらっていたことができていない、と後ろめたいような気持ちになりました。

でも子どもがどんどんたくましくなって、保育園に行くのも泣かなくなり、夏が来たら風邪も引かなくなりました。子どもの成長に助けられています。

このままどんどんたくましい子に育ってほしい

これからの子育てについては、このまま、どんどんたくましい子になってほしいというのが第一の目標です。42歳で産んだ子で夫は2歳上ですから、申し訳ないですが、いつからか1人で生きていかなくてはならない。だからコミュニケーション能力があって、自分の仲間と居場所を見つけられる子になってほしい。勉強も行動範囲を広げる道具になるでしょうし、体力も必要ですから運動もしないといけない。

そして、好きなことが大切だと思います。甥っ子姪っ子を見ていて、小さいのにこんなに個性ってあるのかと思いましたが、それぞれ好きなものが違う。うちの子は何に興味があるのかと言うと、食べることなんです。オモチャを与えても、ブドウみたいとか大根に似てるねとか食べ物に例えます。この前は寝言で「リンゴほしいよー、落としちゃったよー」って言っていて「まだまだあるからね。どうぞ」って言ってみたら、「いただきまっしゅ」って。あれは完全に、食べる夢を見てましたね。だから、「食」を極める人生もいいかなーなんて思ってます。

実は子育ての2大テーマがあるんです。本と虫を好きな子にする、です。小さい頃の私は、腕白以外の何者でもなく、晴れた日は男の子を従えて塀に登り、雨の日はダンゴムシを集めてひっくり返して、どれから戻るか競争させてました。でも本を読むのが好きで、その時だけは静かにしているので、親も豊富に与えてくれました。本から与えてもらったものは大きかったしありがたかったから、本は好きになってほしい。自分のボイトレも兼ねて声色を変えて読み聞かせをすると、割とよく聞いてくれます。嬉しくなって、かなりたくさん、長めの本を読んでます。

虫はですね、世の中を虫目線で見ると面白いですから。人間よりずっと低い、地面に近い目線で見る。そうすると人間関係で嫌なことがあっても、ダンゴムシはきっと違うことを考えてるんだろうなーって思えて、自分の界隈のことなどちっぽけだなってなります。歴史は時の流れで考えますよね。過去と未来の中にある今。それが横糸だとすると、虫目線は縦糸かなと思うんです。どちらも自分を俯瞰で見ることになるのですが、両方の糸が広くある子になってほしい。人生ってつらいことも多くありますが、広い糸を持っていれば柔軟に考えられる。

虫目線のもう一ついいところは、葉っぱとか土とか、自然の中で生かされているのは人間も一緒だなあという気持ちが湧いてくることです。それ

テレビ収録の合間にポーズ。レギュラー番組はないものの、以前司会をしていた番組にゲスト出演することも。

虫を好きになったら いろんな世界が 待っていると思う

に街でも野原でも、ちょっとした知らないところを歩いていてカナブンが飛んできたら、なんか1人じゃない気がしたりもします。そういうことを感じられる方が寂しくないなー、豊かだなーって。「虫、嫌い、無理」ではそこで世界が終わってしまうけど、虫を好きになったらいろんな世界が待ってるよ、って思うんです。

だから1歳半頃から娘には、ダンゴムシやセミをとって触らせようとしています。そうすると、私の指を持って触ろうとしたりして、まだDNAが発揮されてませんね（笑）。

自分の親をモデルに子育てするのでなく、合わないところは捨てて、もらうのはいくつかに絞ろうと思っているんです。

自分は体験しなかった お受験に少し興味が

私は姉と弟に挟まれて、私だけ「アルバムも1歳から5歳まで一冊なんですけど」というようなポジションでした。だから認めてもらいたくて活発になったという面はあるかもしれないですね。父が厳しくて、でも対等に意見を言い合える家でした。子どもの好きな遊園地に行くのでなく、親が行きたい公園や展覧会に連れていかれました。そのあたりは引き継ぎたいのですが、夫が甘いんです。末っ子で、可愛い可愛いで育てられた人なので。「男だったら厳しくするんだけどねー」なんて言っているんで、いやいや男も女も関係ないからって言ってます。

私の同世代は今、子どもの中学受験真っ最中で、いろいろ教えてくれるので耳年増になってます。お受験をさせた友人もいて、小学校の見学に行くと面白いよーって教えてくれます。私は高校までずっと地元の公立でしたが、自分の体験してないことを子どもを通して体験しようかななんて思ったりします。ラジオで話すネタになるかなーなんて、まだまだ先ですが、そんなこと考えています。

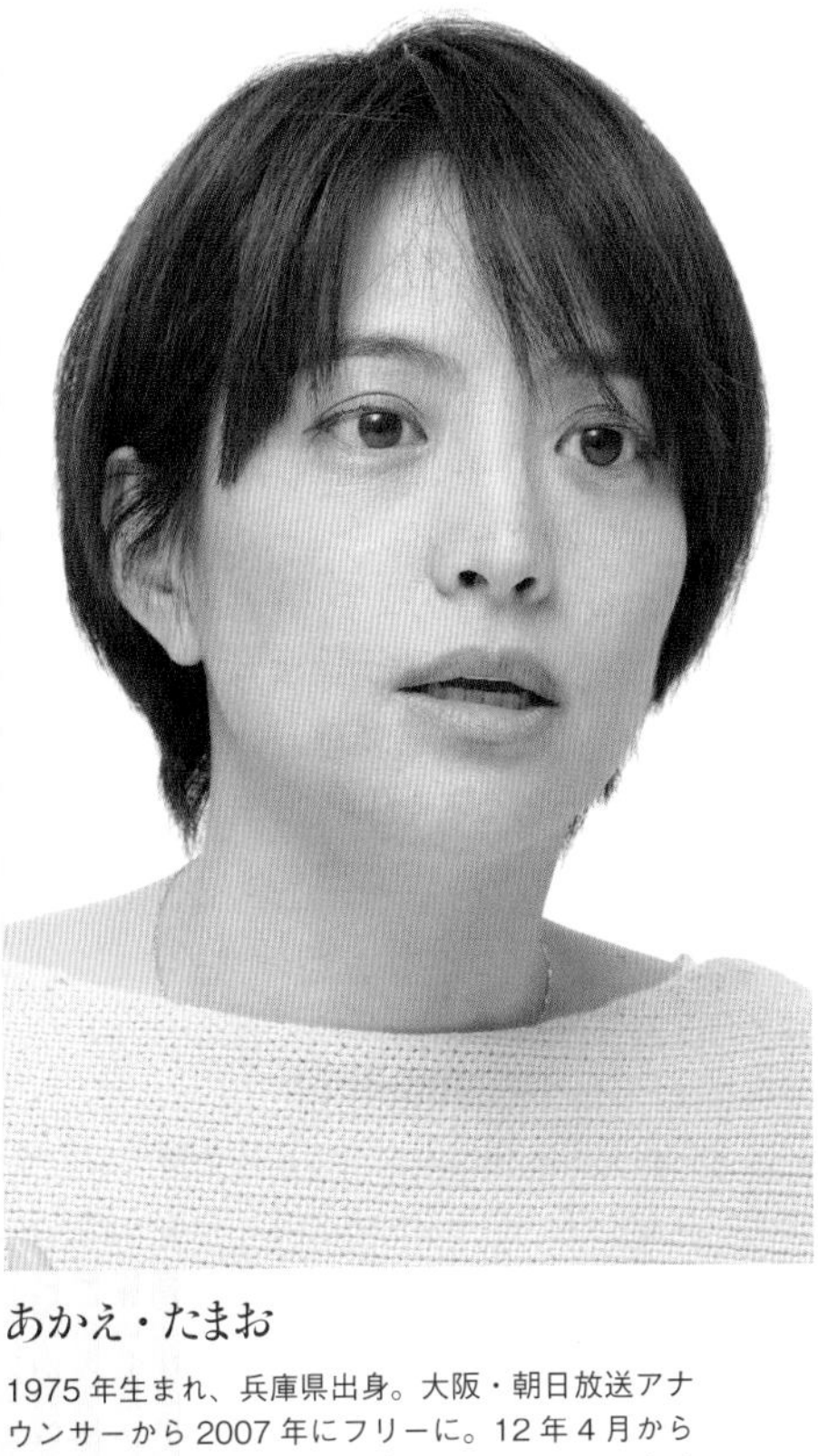

あかえ・たまお

1975年生まれ、兵庫県出身。大阪・朝日放送アナウンサーから2007年にフリーに。12年4月から「たまむすび」（TBSラジオ）のメインパーソナリティーをつとめる。月曜から木曜の午後1時から3時半まで出演している。

倉田真由美の だめんず夫の子育て

倉田真由美先生

1971年生まれ。福岡県出身。一橋大学に合格して上京。就職活動に失敗して漫画家デビュー。最初は売れなかったが、2000年に週刊誌『SPA！』で連載した『だめんず・うぉ〜か〜』がヒット。現在は漫画のほかエッセイなども執筆。テレビやラジオなどへも活躍の場を広げている。

「ママの買う服、ダサい」と娘の服を毎シーズン何着も買う

私は大きめサイズを買いたいのに夫は常にジャストサイズを買う

「いつもかわいい服着てるね」
「それ、流行ってるよね。オシャレだね」

よく、ママ友などから娘に言われる言葉です。

それもそのはず、娘のために夫は毎年毎シーズン何着も新しい服を買っているのです。小学生なのに！去年の服、まだまだ着られるのに！

うちの夫はほかのご家庭では大抵お母さんがやっている育児を、かなりの部分やっています。服を買うのもそう。私は、子供の服はお下がり、もしくは古着屋やネットオークションで十分というタイプ。着ている本人は流行なんてよく分かっていないのだし、どうせサイズアウトして着られなくなるし。すぐサイズアウトするから出来れば大きめサイズを買いたいというのも私の志向ですが、夫は常にジャストサイズを買ってきます。大きめなら3〜4年は持つのに！

ママ以上に家事をこなす夫なのに料理だけは出来ないしやる気なし

昔、娘がまだ赤ちゃんだった頃は娘の服は私が買っていたんですが、いつしか夫はそれが気に入らなくなり、自分で買ってくるようになりました。

「ママの買う服、ダサいんだもん」

夫のセリフですが、子供の服なんて多少ダサくて問題ないと思うんですけどね。価値観の違いってやつですね。

それ以外にも、ほかの家では大抵ママの役割になっていることが我が家では夫の分担になっています。保護者会やＰＴＡ、挨拶運動で道路に立つのも夫。時にはママさんたちと子連れで遊びに行ったりもします。

「倉田さんとこのパパは、ママ友だよ」

と、ママさんたちからよく言われています。

でも、そんなイクメンの夫が一切出来なくて意外に思われるものがあります。それは料理。掃除も洗濯もゴミ出しも行事の準備も、ほかの家事は大体任せられるのに、料理だけは全く出来ないし出来るようになろうともしません。なので、私が出張などでいない日は出来合いの弁当かレトルト食品、もしくは外食になります。

「なんで料理しないの？」
「出来ないし、したくないから」

そうなんですよね。夫がやっている育児は、イヤイヤなものは一つもないんです。だから続くし、ストレスも溜まらない。おかげで夫婦喧嘩になることもありません。服を買いすぎるとかイラッとすることがあっても、こういう夫で助かったなあ、としみじみ思います。

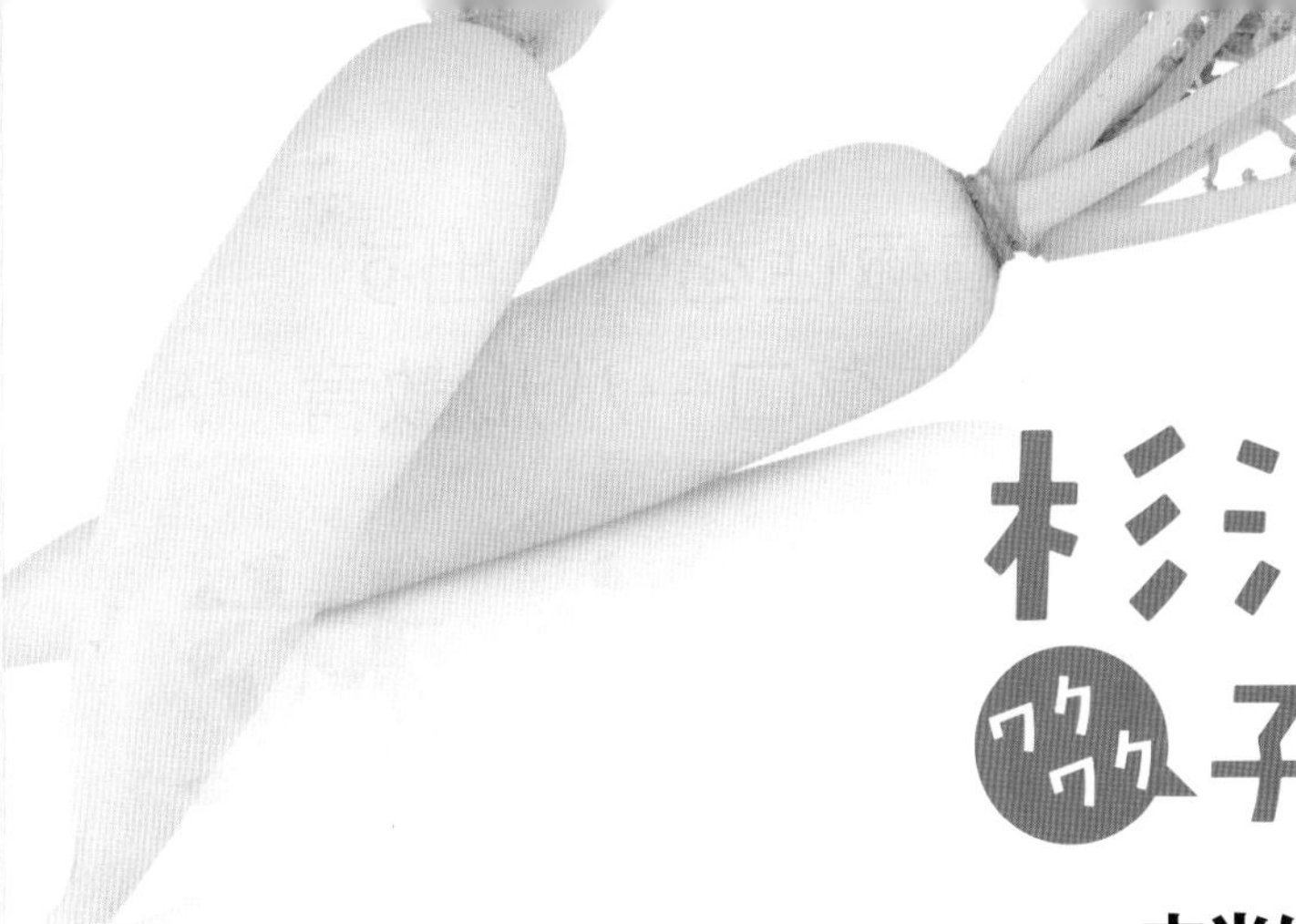

杉浦太陽の ワクワク 子育て食材

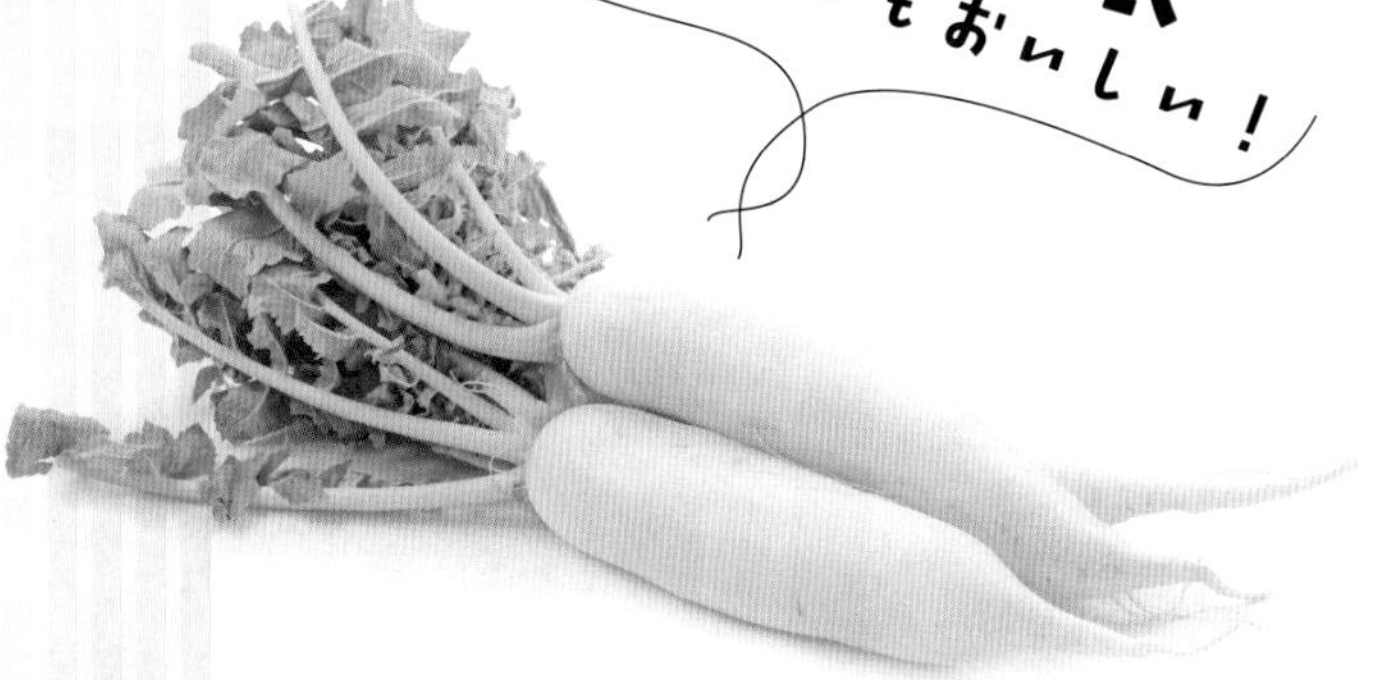

本当に甘い大根は まるで梨のようです

野菜、フルーツ、きのこといった様々な食材に詳しい杉浦さんが、子どもが喜ぶ食材について語ります。TV番組の収録で訪問した全国の農園のエピソードも紹介してもらいます。

すぎうら・たいよう
1981年生まれ。俳優。元モーニング娘。の辻希美さんと結婚。仲良し家族の日常を綴ったブログが好評。現在「趣味の園芸　やさいの時間」(Eテレ)「旬感レシピ～最高の贈りもの～」(BS日テレ)などに出演、ベジタブル&フルーツアドバイザー、きのこマイスターの資格を持つなど、食に対して造詣が深く、家庭でも料理の腕をふるっている。

Ikumen Diary

イクメンダイアリー

今日は運動会!

ノア・セイア・ソラ☆☆☆
6年、3年、1年生と三人の子どもたちが登場する、
一生に一度の超盛りだくさんな内容の運動会✨✨✨✨
休憩する間もなく、次々と出番があって見応えあったなぁ～～⬆⬆⬆😊
特にノアは6年生で最後の運動会… それも、応援団長‼‼‼
いや～、女子の応援団長❗カッコいいねっ✨✨✨
朝練の成果がしっかり出てて、身体全体を使って声を出してて…
父さん、感動しちゃいましたよ…✨✨✨
ソラも初めての運動会で、頑張ってる姿が可愛かったぁ～～🎶🎶🎶
セイアも3年生の頑張ってるダンス🎶🎶🎶 よかったなぁ～～✨✨✨
ホントに見所満載で、
出番ありすぎて…
俺の腕がカメラ撮っててパンパンですw
嬉しい腕の疲れ…
そして、お昼はお弁当タイム～～
可愛いミニオンおにぎり
体力使ってるから、みんなパクパク食べて😊
運動会の、この時間…いいよねぇ✨✨
出番が多いから、食べ終わったらすぐに
出発するノア姉さん✨✨✨
午後の後半戦❗
ノアの鼓笛隊・応援合戦・地区対抗リレー・ソーラン節・紅白リレーetc... ❗❗
ノアだけでも出番いっぱい❗❗❗❗ 6年生たちは係もたくさんあるので、
休む間も無く動いていて、さすがでした…✨✨✨
セイアとソラも一生懸命頑張りながら、
応援も精一杯していて…
小学校の児童たちの団結力をみましたね☆☆☆
ソラの初々しさ…☀
セイアのお兄さんになってきた感じ…☆
とにかく…可愛い過ぎだったぁ～～😍(親バカ)
そして、中でも、6年生の伝統行事、
ソーラン節❗❗❗❗
これがまた…かっっっっっこいいんだわ❗❗
カメラ撮りながら…頬をつたう涙。
全力の頑張りが伝わって、溢れてくる感動…❗
あぁ～最高の運動会だった～～✨✨ 本当にお疲れ様❗❗
よく頑張りました～～😊👏👏👏

杉浦さんのイクメンぶりは、オフィシャルブログ「太陽のメッサ〇〇食べ太陽」
https://ameblo.jp/sunsuntaiyoでも読むことができます。

やっぱり冬の野菜といえば大根ですね。その旬の大根と旬のブリをかけあわせたブリ大根、もう最高ですね。ブリのだしのうまさを極限まで大根が吸い込んで、本当にとろけるおいしさです。

大根もまた、いろいろな種類があります。僕はその中でも三浦大根が好きですね。普通の大根に比べて、太さも長さも3倍はあります。ところが、決して大味ではない。密度がつまった結果、大きくなったという感じなんです。それが生でも煮てもおいしいんです。

農家さんによっては、ぎりぎりまで甘さを追求しています。そういう大根を生で食べると、まるで梨のような風味なんですよ。薄切りにして、塩とかオリーブオイルをかけて食べると、めちゃくちゃおいしいです。

作り方を聞きましたが、一子相伝ということで教えてもらえませんでした。そういう大根ができるのは、風土もあるでしょうね。海風によってミネラルが土に入るんだと思います。農家さんによっては、牡蠣殻やサンゴを入れて土づくりをしています。

子どもも甘い大根は好きですよ。葉がついた側が甘いので、そちらをスライスすると生でも喜んで食べます。

世界一大きい大根といわれる桜島大根もいいですよ。一本が10キログラムぐらいあります。大きさを競うコンテストが鹿児島で開催されます。実は種をもらってきて、東京で栽培してみたんです。ちゃんと東京の土でも10キロ近い桜島大根ができました。

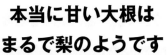

SCHOOLトピックス!

生徒の視野を広げ積極性を引き出す 体験を重視した多彩なグローバル教育

獨《どっ》協《きょう》中学校

School Information（男子校）

所在地	東京都文京区関口3-8-1
アクセス	地下鉄有楽町線「護国寺駅」徒歩8分、地下鉄有楽町線「江戸川橋駅」徒歩10分、地下鉄副都心線「雑司が谷駅」徒歩16分
TEL	03-3943-3651　URL　http://www.dokkyo.ed.jp/

生徒が海外の文化に触れられる機会を様々な形で用意し、海外の人とも積極的に交流できる人材を育てる獨協のグローバル教育についてご紹介します。

短期滞在で来校したギムナジウムの生徒たちと

ドイツ研修旅行での野外授業

海外との強いつながり 新たな取り組みに期待

獨逸学《どいつがく》協会学校を前身とする獨協中学校（以下、獨協）。創立当時から国際的な視野を持ち、現在も体験を重視したグローバル教育が展開されています。中学ではまず英語に親しみ、高校では実際に海外へ行く機会が数多く用意されています。その一部をご紹介すると、現地の世界的な研究者とともに公園内をめぐるイエローストーンサイエンスツアー（高1・高2）、ハワイ大の学生との交流を含めたハワイ修学旅行（高2）等、独自の内容がめだちます。

「本校では実際に体験させることを大切にしています。海外の人や自然、文化に触れる機会を多数用意することで生徒に刺激を与え、将来海外に飛び出したいという積極性を引き出せると考えているのです。本校の生徒たちは英語でコミュニケーションをとることにあまり抵抗がなく、現地の方ともすぐに仲よくなれるのが特徴です」と坂東広明教頭先生。

英語の授業は週7時間で、イギリス人とカナダ人のALT（※1）も参加。昼休みにはALTとゲームやディベート等を行うテーブル・トークでさらに英語力を磨くことができます。外部の様々な催しや大会に挑戦する生徒も増え、なかにはWorld Scholar's Cup（※2）の世界大会に進出する生徒も現れてきました。

また、高1からドイツ語を学べるのも獨協ならではです。例年約3割が学び、そのなかの数人は毎年夏に行われるドイツ政府主催の短期留学にも参加しています。ドイツ語を学ぶことで、ドイツを中心としたヨーロッパへの関心が高まり、生徒は広い視野を身につけられるのでしょう。

「今後は、さらにドイツとの交流を充実させていきたいと考えています。従来のドイツ研修旅行（中3～高2）やケルン大からの教育実習生の受け入れに加えて、今年からは新たに、ドイツの高校（ギムナジウム）と相互に行き来する交流も始まりました」（坂東教頭先生）

英語教育の充実、ドイツとの関係を深めるプログラムの導入、海外との強いつながりを持つ獨協独自のグローバル教育に今後も注目です。

学校説明会

学校説明会 要予約

11月10日（日）　13：30～15：30
12月21日（土）　11：30～12：30
1月12日（日）　10：00～12：00

※校舎見学あり、11月10日は体験授業（要予約）あり、1月12日は初めて来校する方対象

入試問題説明会 要予約

12月21日（土）　10：00～11：15

※校舎見学、教科ごとの質問ブースあり

※1 Assistant Language Teacher　※2 中高生が英語を使って総合的な教養を競う大会

Ohyu Gakuen
鷗友学園女子中学高等学校
〒156-8551 東京都世田谷区宮坂1-5-30 TEL03-3420-0136 FAX03-3420-8782
https://www.ohyu.jp/
私は進む。
ひたむきに、しなやかに。
●学校説明会 【インターネット予約制
●11月12日(火) 10:00～11:30
●12月 7 日(土) 10:00～11:30
●入試対策講座 【インターネット予約制】
※受験生・6年生保護者対象
●12月15日(日)
①10:00～11:30 ②13:30～15:00

学校の実力がわかる進学率、国公立、早慶上理、GMARCH、医、歯、薬、獣医75％

東大、京大をはじめ国公立大学へ101名、早慶上理・GMARCHへ110名、医学部医学科（国公立大学医学部含め）30名、歯・薬・獣医学部へ29名、と実に多くの生徒たちが各自の進路目標を実現しています。23年前から続けている探究テーマ・フィールドワークに加え、探究型授業やその活動を深める哲学対話の教育実践でも注目を浴びる開智中学校（以下、開智）。今回は特徴ある入試についてご紹介します。

Web出願になります

《2020年度入試の主な変更点》

変更点①…出願は、学校ホームページの「Web出願専用サイト」からのアクセスになります。

変更点②…第2回入試は、第1回入試と同様に「先端クラス」へのスライド合格があります。

変更点③…他の入試回と第2回入試を受験すると、受験した入試回の中で一番よい成績を参考にして、合否判定を行います。

開智の2020年度入試は、第1回、先端特待、先端A、先端B、第2回の順で全5回の入試を実施します。各回の日程、問題傾向および難易度については次のとおりです。皆さんの持っている力に適した試験を選択し、ぜひ合格を手にしてください。

・第1回入試…1月10日（金）

一貫クラスへの入試ですが、合格者の得点に応じて、先端クラスへのスライド合格があります。入試問題は都内上位校レベルで、募集定員が一番多い入試でもあります。

この入試で合格を得て、翌日以降の先端特待、先端A、B入試に挑戦する受験生が多くみられます。

・先端特待入試…1月11日（土）

合格者全員が特待生となる先端クラスへの入試です。入試問題は都内最難関校レベルです。基本的な知識も出題されますが、記述の文字量も多く、解答するにあたっての自分なりの考え方や記述力を問う問題が出題されます。

開智中の会場

・先端A入試…1月12日（日）

記述力および基本的な知識をバランスよく問う先端クラスへの入試です。入試問題は都内難関校レベルですが、今回の入試でも算数の問題は、取り組みやすい問題も出題されます。

・先端B入試…1月13日（月）

記述力および基本的な知識をバランスよく問う先端クラスへの入試です。前日の12日（日）実施の先端A入試と同レベルの問題を出題する予定です。

・第2回入試…1月15日（水）

先端クラスへのスライド合格（変更点②）がある一貫クラスへの入試です。

入試は標準的な問題が多く、他の回よりも取り組みやすい問題となっていますが、やや難しめの問題も出題する予定です。なお、他の入試回と最終回となるこの第2回入試を受けた受験生は、受験した入試の中で一番よい成績を参考にして合否判定が行われます（変更点③）。

詳しくは開智ホームページの募集要項でご確認ください。

最難関校の併願としても最適な開智の入試

開智の入試には、開智を第一志望としている受験生はもちろんのこと、他校との併願者も多く受験しています。これは、開智の入試が、併願者にとって様々なメリットがあるためです。次では、他校との併願者が開智を受験しやすい点をご紹介します。

①入学手続きは2月10日（月）まで

2月10日（月）正午までが入学手続きの締切日です。

②入学金は10万円

入学手続きには、入学金10万円が必要です。第1期納入金26万9000円の納入期限は3月6日（金）までですが、入学を辞退した場合には、入学金を除き、納入した全額が返金されます。初年度納入金は63万8000円です。

③受験料への配慮

受験料については、2万円で3回まで受験することができ、2万5000円で5回まで受験することができます。さらに、開智未来中学校や開智日本橋学園中学校へ同時に出願する場合、合計の受験料は3万円で、3校のすべての入試を受けることができます。開智を受験することで、基本的な問題からハイレベルな問題まで、様々な入試問題に触れることができます。

④得点通知により実力をチェック

どの入試回でも、申込み時に希望すれば、各教科の得点を知ることができます。得点の分布表を表示しますので、該当する入試における受験生自身の力をチェックすることができます。

⑤アクセスのいい受験会場

全5回の入試のうち、第1回入試と先端特待入試は、開智のほかに、さいたま新都心会場（定員480名）でも入試を行います。入試会場はさいたま新都心駅から徒歩1分の場所にあります（さいたま新都心駅まで新宿からJRで約30分）。

さいたま新都心会場

大学入試で終わらない人材の育成

開智では、様々な個性や実力を持った受験生が自分の力に合った回で合格を手にしてほしいという願いから、問題の傾向や難易度の違う一貫クラス向けの入試と先端クラス向けの入試、あわせて5回の入試を行っています。開智に入学した様々な個性は、6年間をかけてさらに磨かれ、自己実現に向けて羽ばたいていきます。開智の教育は実社会に出てから活躍する人材を育てる教育として、より一層の進化を遂げています。

KAICHI

開智中学・高等学校

中高一貫部（共学）

〒339-0004
さいたま市岩槻区徳力186
TEL 048－795－0777
https://www.kaichigakuen.ed.jp/
東武野田線東岩槻駅（大宮より15分）徒歩15分

■入試問題説明会（要予約）

	日程	時間	バス運行（東岩槻駅北口より）
入試問題説明会	12/7（土）	14:00～15:50（入試問題説明）	往路13:00～14:30 復路15:40～18:00
		16:00～17:00（教育内容説明）	

予約が必要です。上履きをご持参ください。

■入試日程

	日程	会場		集合時間	合格発表
第１回	1/10（金）	開智中	さいたま新都心	午前8:30	試験当日 午後10時00分（開智中HP、出願専用サイト）
先端特待	1/11（土）	開智中	さいたま新都心		
先端A	1/12（日）	開智中			
先端B	1/13（月）	開智中			
第２回	1/15（水）	開智中			

国際バカロレアMYP・DP認定校！

21世紀型教育を実践　開智日本橋学園の魅力

２０１５年４月にスタートした開智日本橋学園は「世界中の人々や文化を理解・尊敬し、平和で豊かな国際社会の実現に貢献できるリーダーの育成」を教育理念に、開智学園で培われた創造型・探究型・発信型の教育を取り入れ、さらに生徒の能動的な学びを深めた21世紀型の教育を行っていく共学校です。

平和で豊かな国際社会の実現に貢献するリーダーの育成

変化に富んだ現代社会を生きるためには、自分で課題を見つけ、解決し、新しいことを創造する力が必要不可欠です。そのため開智日本橋学園では、生徒自らが学ぶ「探究型の授業」や「フィールドワーク」などを通じて、世界が求める創造力、探究力、発信力を持った人材の育成を目指しています。

また学校生活のいたるところで、自らが判断し、自分の責任で行動することを生徒に求めています。学校行事やその他の自主的な活動等に自分の意志で挑戦することで、成功の感動、喜び、そして失敗の悔しさ、教訓等々を数多く味わってほしいと思っています。それらを積み重ねることで、人として大きく成長し、他者を理解できる心の広い人間に育ってもらえればと願っています。

生徒が主体になって学ぶ「探究型授業」

開智日本橋学園の「探究型の授業」では、まず教師が疑問を投げかけ、生徒が様々な角度から考え、調べ、友だちと議論し合い、解決していきます。教師は、その過程で適切なアドバイスをし、生徒たちの思考がうまく進むようにリードしていきます。生徒自らが学ぶのが、この「探究型の授業」の特徴です。

また「探究型の授業」では論理的、批判的に物事を考える力や、課題を発見したり、問題を解決したりといった能力、さらにはコミュニケーション能力などを効果的に引き出すことができます。生徒自らが学んでいく形で行われる授業であるため、従来型の授業に比べ、生徒の学習意欲は非常に高くなっていきます。

中高一貫の国際バカロレア教育認定校（ＭＹＰ・ＤＰ）

開智日本橋学園は、昨年夏に、国際バカロレアのＭＹＰ・ＤＰの認定を受け、中高一貫の国際バカロレア教育認定校となりました。

この教育の特徴は、知識の習得が目標なのではなく、実社会との結びつきという視点を持ちながら、自ら進んで考え、探究し、表現することで学んでいくというものです。

国際バカロレアの教育プログラムを取り入れることで、開智日本橋学園の教育理念である「生徒が自ら学ぶ探究型の学び」の効果は飛躍的に高められています。国際標準のこのプログラムは、海外大学への進学の可能性を広げるものではありますが、探究ベースの深い学びを実践するという点では、国内難関大学への進学を志す子どもたちにとっても大変効果のあるプログラムといえます。

『受験のためだけの勉強ではなく、生涯をかけて使える本物の学力、そ

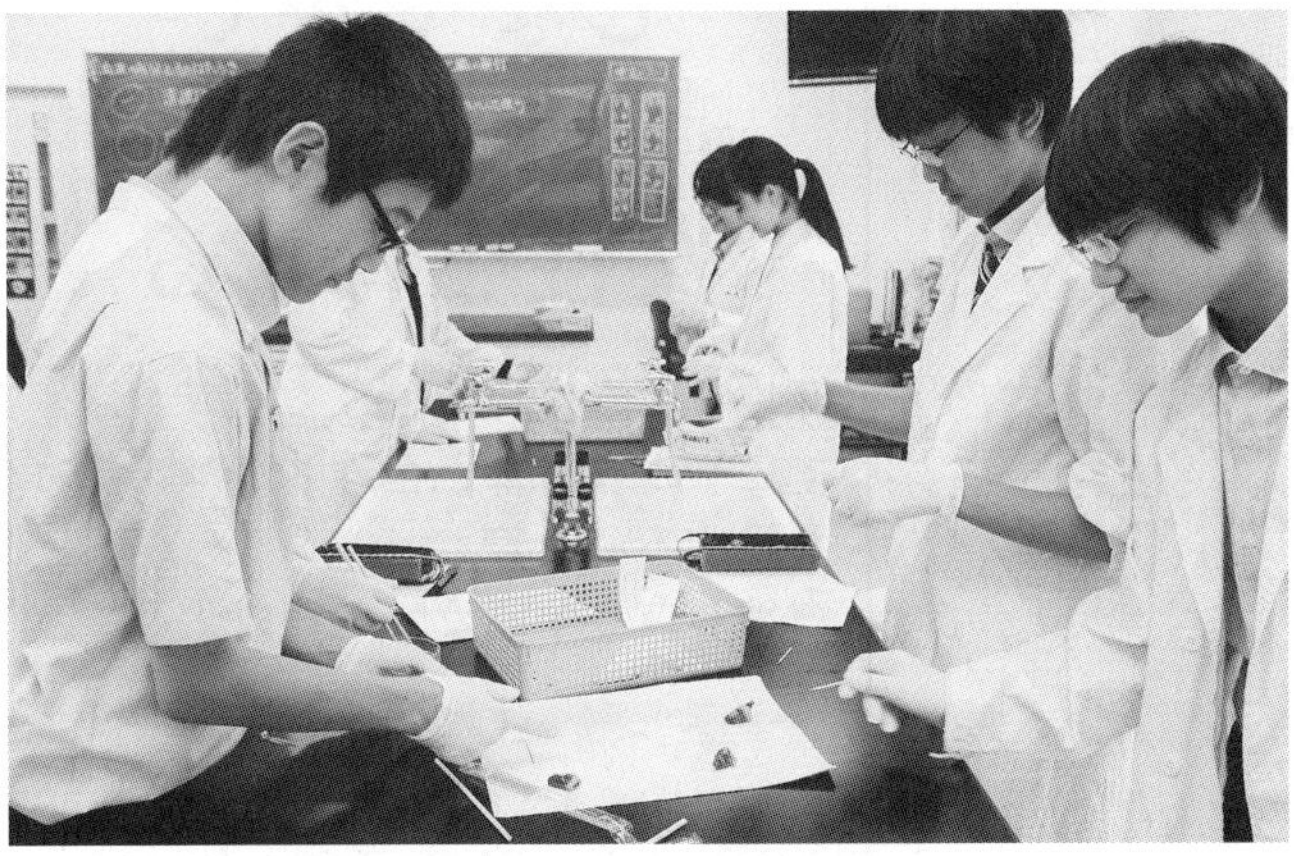

して自ら学び続けるという強い意志を育む』、これが国際バカロレア教育を取り入れた開智日本橋学園の教育目標です。

【入試の特色】算数1科や英語での受験も可能

『中学校入学まで培ってきた様々な力を、もっとも発揮できる場で見せてもらいたい』と、開智日本橋学園では、2科（国・算）や4科（国・算・理・社）はもちろん、英語が得意な生徒には国・算・英の3科、公立中高一貫校の適性検査に準じた適性検査入試など、様々な入試を行っています。なかでも特待生を選考する『特待入試』は、合格すれば必ず教育支援金が給付される特待生になることができる入試で、4科または算数1科でも受験が可能です。

基礎基本を着実に身につけた方、バランス良く4教科を学んできた方、英語力をぜひ生かしたい方、論理的思考力を磨いてきた方など、様々な個性、自分の強みや得意なことを持った生徒を積極的に迎えることで、多様性豊かで、お互いが世界を広げあうことのできる環境の創造を目指しています。

中高一貫の国際バカロレア教育認定校となった開智日本橋学園。世界に羽ばたく生徒の夢の実現を応援しています。

開智日本橋学園中学・高等学校

＜共学校＞

〒103-8384　東京都中央区日本橋馬喰町２－７－６
TEL　03-3662-2507
https://www.kng.ed.jp

＜アクセス＞
JR総武線・都営浅草線「浅草橋駅」徒歩３分
JR総武快速線「馬喰町駅」徒歩５分
都営新宿線「馬喰横山駅」徒歩７分

《学校説明会日程》

11月16日(土)	10:00～／14:00～
12月 7日(土)	10:00～ ※出題傾向説明会
12月21日(土)	10:00～／14:00～
1月11日(土)	10:00～／14:00～

大人も子どもも

本からマナブ

**今回紹介するのは、病気の子どもたちを元気づける
1匹の犬の物語と、睡眠の重要性、睡眠障害が与える影響について
知ることができる本の2冊です。**

もしも病院に犬がいたら
こども病院ではたらく犬、ベイリー

岩貞 るみこ 著
講談社青い鳥文庫
640円+税

みなさんは犬が好きですか。犬はペットとして飼われていることも多く、盲導犬など人間を助けてくれる犬もいて、様々な動物のなかでも人と密接にかかわっているといえるのではないでしょうか。

この本で紹介されているのは、子どもたちの病院で働くゴールデンレトリバーのベイリーです。こうした病院などの施設で働く犬は「ファシリティドッグ」と呼ばれています。

ファシリティドッグとつねに行動をともにしているのは「ハンドラー」です。ハンドラーの森田優子さんは、元々看護師でしたが、アメリカで研修を受けハンドラーとなりました。

ファシリティドッグは、日本ではまだあまり数がいないので、みなさんのなかにもその存在を知らなかった人が多いのではないでしょうか。

ベイリーは入院中の子どもたちとふれあったり、検査につきそったりと、様々な形で子どもたちを励まし、病気とたたかう勇気を与えます。

本に書かれているのはどれも実際にあった出来事です。ファシリティドッグのベイリーと病気の子どもたちとの温かな交流をつづった物語。その温かさにふれてみてください。

子ども向け
BOOK COLLECTION
107

子どもたちを励ます
病院で働くファシリティドッグ

子どもの成長に大きく影響する睡眠について考えよう

大人向け
BOOK COLLECTION 108

子どもの成長と睡眠について、乳幼児から小中学生にいたるまで、それぞれ段階的に説明した本です。

脳の成長と発達において、良質な睡眠が必要であることは、だれでも漠然とは知っていると思います。そのことを医師である著者が具体的にわかりやすく解説しています。

小学生のお子さんを持つ保護者の方々にとって参考となる「小学生以上の子どもの睡眠障害」については、第3章で詳しく書かれています。

睡眠障害が進むと、学校生活や日常生活にも大きな影響をおよぼすことが具体例をあげながら説明されています。

睡眠は時間の長短だけでなくその質も重要です。とくに受験勉強に取り組んでいる小学生の場合、睡眠について十分に配慮が必要であることは、多くの保護者が感じていることだと思います。

この本をきっかけに、睡眠の重要性と、良質な睡眠が得られなかった場合のトラブルについて深く知り、改めて睡眠について考えてみてはいかがでしょうか。

最終章では、家庭でできる睡眠改善の具体的な方法が紹介されています。そのポイントは「大人が変われば、子どもも変わる」ということです。子どもの睡眠を改善するためには、いっしょに暮らす大人もともに改善することが重要であると著者は主張します。

お子さんを含め、ご家族の睡眠について考えるきっかけを与えてくれる一冊です。ぜひ手に取ってみてください。

子どもの夜ふかし 脳への脅威
三池 輝久 著
集英社新書
780円＋税

You are the light of the world.
You are the salt of the earth.
あなたは世の光です。
あなたは地の塩です。
マタイ５章13節〜15節

そのままのあなたがすばらしい

学校説明会

［本学院］※申込必要

11.16（土）
14：00〜15：30
終了後 校内見学（〜16：00）

【申込方法】
本校ホームページよりお申し込みください。

校内見学会

［本学院］※申込必要

11.2（土）
数学体験授業

1.11（土）
＊6年生対象

1.25（土）
＊6年生対象

2.15（土）
＊5年生以下対象

授業参観、ミニ説明会
回によって体験授業もあります。
詳細はその都度 HP をご確認ください。
全日程 10：30〜12：00

【申込方法】
本校ホームページよりお申し込みください。

過去問説明会

［本学院］※申込必要

11.30（土）
● 6年生対象
14：00〜16：00（申込締切 11/29）

【申込方法】
本校ホームページよりお申し込みください。

2020年度募集概要

	第1回	第2回	第3回
受験型	総合型	4科型	4科型
募集人員	約30名	約50名	約15名
試験日	2月1日（土）	2月2日（日）	2月4日（火）
入試科目	総合・国語基礎・算数基礎	国・算・社・理／面接	国・算・社・理／面接
合格発表	2月1日（土）	2月2日（日）	2月4日（火）
出願方法	インターネット出願のみ		

光塩女子学院中等科

〒166-0003　東京都杉並区高円寺南2-33-28　tel.03-3315-1911（代表）　https://www.koen-ejh.ed.jp/
交通…JR「高円寺駅」下車南口徒歩12分／東京メトロ丸の内線「東高円寺駅」下車徒歩7分／「新高円寺駅」下車徒歩10分

21世紀型教育＝グローバル教育3.0

世界に学び、世界と学び、世界で学ぶ

21世紀型教育を実現する3つのクラス

ハイブリッドインターナショナルクラス
（英語・数学・理科を英語イマージョン教育）

ハイブリッド特進クラス
（文理融合型リベラルアーツ）

ハイブリッド特進理数クラス
（実験・ICT教育を強化）

世界から必要とされるコミュニケーションスキルを身につける

グローバル教育
（英語イマージョンと海外研修）

ICTの活用
（ipadと電子黒板を連動した授業）

電子図書館
（Fabスペースで編集・プログラミング

学校説明会［要予約］

第4回 11月23日（土・祝）10:00〜 ※入試模擬体験（小6対象）あり
第5回 1月11日（土）14:00〜 ※入試対策説明会、英語入試相談あり

ハイブリッドインターナショナルクラス 新宿授業見学会［要予約］

11月 8日（金）10:30〜 ※工学院大学新宿キャンパス

クリスマス説明会［要予約］

12月25日（水）14:00〜 ※個別相談会あり

2020年度 帰国生選抜入試

第1回 12月1日（日） 第2回 1月7日（火）

2020年度 一般選抜入試

第1回A 2月1日（土）午前
第1回B 2月1日（土）午後
第2回A 2月2日（日）午前
第2回B 2月2日（日）午後
第3回 2月3日（月）午後
第4回 2月5日（水）午前

新宿⇔八王子シャトルバス40分 八王子・北野・南大沢・拝島（JR線/京王線/西武線）よりスクールバス

工学院大学附属中学校
JUNIOR HIGH SCHOOL OF KOGAKUIN UNIVERSITY
〒192-8622 東京都八王子市中野町2647-2

TEL 042-628-4914
FAX 042-623-1376
https://www.js.kogakuin.ac.jp/

東京成徳大学中学校

ニュージーランドでの３カ月が生徒の英語力と心を育てる

創立100周年を見据えて「成徳」の精神を持つ
グローバル人材の育成をめざしている東京成徳大学中学校は、
ニュージーランド学期留学を全員参加で実施します。

ニュージーランド学期留学を全員参加プログラムに

「成徳」（徳を成す）を建学の精神として、1926年に創立された東京成徳大学中学校（以下、東京成徳大中）。創立90周年を機に、2025年に迎える創立100周年をめざして「東京成徳ビジョン100」を作成しました。そこで、建学の精神と「五つの教育目標」（おおらかな徳操、高い知性、健全なる身体、勤労の精神、実行の勇気）を引き継ぎながら、これからの10年を見据えて『成徳』の精神を持つグローバル人材の育成」に注力することを掲げています。

そんな東京成徳大中のグローバル人材育成教育の1つに、希望者を対象としたニュージーランド学期留学プログラムがあります。中3の1月上旬に日本を出発し、4月上旬に帰国するまでまるまる3カ月間、ニュージーランド・オークランドの現地校に留学します。

スタート当初は希望者は10数人でしたが、「参加した生徒の保護者から教員に対して『先生、これはいいですよ』という声を多くいただきました。そういうことであれば、生徒に対してもっとこのプログラムをアピールしてみよう、ということで学内での広報の仕方を変え、その後、学年定員160名で3～4割が参加するようになりました。現高1生は5割の生徒が参加しました」と中村雅一副校長先生は話されます。

このニュージーランド学期留学が、2017年度入学生から全生徒対象のプログラムへと生まれ変わりました。

「これまでに参加した生徒は、スタートした16年前から合計で600名を超えますが、1人も途中でリタイアしていません。そして、日本に戻ってきてから高校の3年間が残っているわけですが、彼・彼女らのその後の3年間を見ていると、積極的な人間に変わりますし、英語のリスニング力も飛躍的に伸びます。そして一番大きいのは、生徒の親離れと保護者の子離れが進み、心が大きく成長することです。自分の将来設定も明確にできる生徒が増えることも特徴です」（中村副校長先生）

こうしたメリットに加え、グローバル人材を育てるという目標に鑑《かんが》み、とにかく自ら英語を話してみようというマインドを中学生から育てること、また、（異国の地で）失敗も含めて様々な経験をさせることで難問・課題にぶつかった場合に自己解決できる力を養うために、全員参加のプログラムにしようということになりました。

個人留学にできるだけ近い環境を用意

留学の内容についてご紹介しましょう。

ニュージーランド・オークランドとその周辺の学校に、1校3人までで留学します。3人までしか同じ学校に入れない理由は、日本語をできるだけ使わない環境におかせたいからです。日本人が多いと、どうしても休み時間や放課後等に集まって遊んでしまいます。そうではなく、できるだけ個人留学に近い形にしたいという考えがあるのです。

「英語教育の部分では、4技能のうち、とにかくスピーキングとリスニングの力をつけたい。本校は、ライティングとリーディングはもともと力を入れてきた学校です。ですから、4技能をしっかりと鍛えることができれば、実社会はもちろん、来たる大学入試改革においても、アドバンテージになると考えています」と中村副校長先生。

ニュージーランド学期留学で生徒は大きく成長します

出発までには周到に準備が行われます。英語の授業では、留学に向けての一般的な必要知識や日本の伝統についてのおさらいなどがあります。中1の1学期から、各学期に1回、イングリッシュキャンプが実施されます。

現地では最初の2週間、現地の語学学校で短期集中型のカリキュラムを受け、英語に慣れていきます。その後は各自が1家庭1人でホームステイ先に移り、現地校での学習スタートです。

「最初の1カ月あたりでほとんどの生徒が壁にぶつかります。言葉の壁、文化の壁、習慣や宗教の違いによる壁などに当たり、ホームシックになります。そうしたなかで1人で考える時間が多くなり、日本にいたときは、いかに周りの人が自分のために色々なことをしてくれていたかが身にしみてわかります。そして、これまでだれもリタイアした生徒がいないということは、それを乗り越えて、英語で自分をアピールして現地で友だちを作ったりしていくということです。3カ月目になるころにはみんななじんで『帰りたくない』と言います。『またニュージーランドに戻りたい』という生徒も出てくるほどです」（中村副校長先生）

このように、英語力と、人としての心の成長が望めるニュージーランド学期留学。当然費用が必要ですが、その点でも配慮がなされています。

「高校入学時に入学金はいただいていませんし、そもそも学費は東京の私立校の平均より安いです。また、この留学が全員参加となることで、中3での修学旅行がなくなります。ですから、合計すると6年間トータルでも東京の私立校の平均程度になる予定です。学習面でも進学塾に通う必要がない体制を整えているので、そういった出費も抑えることができるのではないでしょうか」（中村副校長先生）

ユニークかつ、生徒のこれからのために考えられているこの留学プログラムを、ぜひ東京成徳大学中学校で体験してみませんか。

School information【共学校】

Address：東京都北区豊島8-26-9
TEL：03-3911-7109
Access：地下鉄南北線「王子神谷駅」徒歩５分、JR京浜東北線「東十条駅」徒歩１５分
URL：https://www.tokyoseitoku.jp/js/

学校説明会＆体験学習〈要予約〉
11月17日(日)10:00～11:10
オープンスクール〈要予約〉
11月6日(水)9:00～12:30
入試説明会〈要予約〉
12月22日(日)10:00～11:30/13:00～14:00
1月 7日(火)10:00～11:30/13:00～14:00
学校説明会〈要予約〉
1月19日(日)10:00～11:10

併願校選びの最終判断に悩むいま
偏差値以外の指標も手に入れたい

併願校選びに偏差値と並んで活用できる思考コードの登場

晶文社という出版社に、『中学受験案内』という、昔から黄色い表紙がトレードマークの、文字通り「受験案内」があります。

私どもも少し書かせていただいていますす。これは春先に気づいたことですが、今年から各学校のページに新しい資料が入っています。

少し出版から時間が経ってしまいましたが、入試も間際なのでこれを取り上げるとお役に立つかと思い立って、少しご紹介します。

もっとも、本の内容というのではなく、先ほど触れた新しい資料として掲載されている「思考コード」をみて考えたことです。

「思考コード」そのものは、問題の分類の1つで、あり方をそう命名して「首都圏模試」が活用しているもので、大きく問題をAとBに2分類し、Aを知識・理解を問うもの、Bを論理的思考を要するものとに分けたものです。

ただし、同分類はもう一方の軸に、易から難へ3段階、1、2、3とさらに分類していますが、ここではA・Bの2分類だけ取り上げてみます。

この「思考コード」のよさの1つは、A・B2分類にとどまらず、これを配点にまで落とし込んでいることです。

それも各中学（最難関を除くほとんどの）のご協力で、配点は各中学が自ら公表した数値です。首都圏模試の推定ではない点が貴重です。

読者は、その中学の合格最低点を同じく『中学受験案内』から知ることができますし、そうでなくとも中学校側が公表している限り、これを知ることは難しいことではありません。

このいわば公知の事実と、今回公表されている配点の情報を組みあわせて理解することで、合格に有力な情報が得られます。

例えばその学校の算数の合格最低点、もしくは合格者平均点が60点とすると、その60点をクリアするには基礎的な知識・理解で間に合うのか、論理的思考問題がどの程度解けなくてはならないのかなどについて、およそめどが立つことになります。

当然ながら、それは算数・国語はもちろん、社会・理科でも分類されているため、まさに、これから１００日の残された受験までの日々を迎える6年生にとっては、非常に有益な資料になります。

もっとも自身の第1志望にとってそのような入手しておくべき最重要データは、すでに入手しているでしょう。

さらにそのうえで、では同じような学力で他のどのようなレベルの学校が受験できるのか、偏差値以外では測れない学力相当の入試問題を出しているのはどこなのかが、ここに分類された「思考コード」を見れば発見しやすくなります。

これまではそうした同じ学力で受けるべき学校の合格可能性は、「偏差値」を参考にするのが普通で、首都圏模試など模擬試験を受験するのも、まさにその併願校を、偏差値を知ることによって判断できるからでした。

しかしかねがね、合格可能性は「可能性」でしかないので、これを「合格確実性」にもっていくためにはそれだけではいけないということから、過去問をやり、その年の合格最低点や各科目の合格者平均点を比較して、そこを詰めていかなくては、と申し上げてきたわけです。

もちろん、その作業はこれからも過去問を解きながら必要とされる作業ですが、一方で過去問にあたらずこうしたことができれば、併願校を絞り込むのに簡便です。

それが今回、この「思考コード」分類によって効率的に行えることになりました。

思考コードの活用で女子校では算数で顕著な特徴が浮き彫りに

ただ、この思考コードの活用で、改めて明らかになったこともあります。以下、その点をあげてみます。

この分類によって学校の出題（配点）を、偏差値を横軸に、分類を縦軸にとってグラフ化すると、予想したことですがはっきりした特徴が出ました。おもに算数についていえることです。

まず女子校です。A問題（いわゆる知識・理解を問う基礎的問題）は難度ときれいな負の相関になりました。

B問題（論理思考つまり応用的問題）の方は難度ときれいな正の相関となりました。

一方、男子校は大きな意味では同じなのですが、両端に偏在しているグラフになりました。つまり難度とともにAには中下位校が、Bには上位校が多く、両極に学校が集中しています。なかほどはまるでありません。これは男子校のあり方を反映しているからです。

では共学校はどうかといえば、やや女子校に似ています。多くの女子校が共学化しているので、その影響といえなくもありませんが、中位レベルの出題もあります。前記した通り、男子校は中位レベルの出題校はほとんどないわけです。しかしながら中位レベルの男子は存在しているわけですから、彼らは共学校を受けないわけにはいかない、という事情がみえてきます。

ただ共学校は、女子校ほど鮮明な相関はなく、かなり分散しているのも事実です。出題と得点状況を、よくつきあわせておかないと、落とせる問題（捨て問）と取らなくてはいけない問題とが混在しているおそれがあります。

そこにいくと女子校は、見事に配点が偏差値に連動していますから、いわば偏差値通りに受験して大きな狂いは生じないでしょう。

したがって、以上のことから共学校についてこの分類はより効果的に用いることができるともいえましょう。共学校は中位から以上は倍率が高いことも多いため、そうでなくとも合格可能性をしっかり詰めなくてはいけません。

共学校において偏差値だけの合格判断はA・B問題いずれも相関が薄いために危険だともいえるでしょう。

逆にこの分類をみることで、より受験生自身に引きつけて過去問を演習しやすくなります。

算数と国語では相関に違い学校の姿勢が問われる共学校

もっとも算数について以上のことはかなり鮮明なのですが、国語はかなり相関が弱くなるのも事実です。

これらの実情からどういうことが考えられるでしょうか。

やはり入試は算数で選抜されている、ということですし、国語は総じて高めの出題になっていて、学力通りの出題とはいえない、ともいえます。

ただここで改めて気になるのは、入試と教育の関係です。

女子校は偏差値とまさに鮮明な相関を示していますから、入学後の教育についても、レベルをそろえた指導ができると考えられます。

一方、共学校は総じてそこまで相関が強くなく、当然入ってくる生徒にもばらつきがみえるでしょう。

それであればこそ、これに対して個々人に則した教育を手当てしなければなりません。

めざしている学校は、はたしてそのようになっているのでしょうか。

これが英語入試であれば入学後のクラス分けがレベルに応じて手当てされるでしょう。

やはりここは「入試からの教育」（桐朋女子のスローガン）というスタンスをとって、入試の向こうにある教育が見える入試になると、より魅力的ですね。

森上展安の中学受験WATCHING

もりがみ・のぶやす　森上教育研究所所長。
受験をキーワードに幅広く教育問題を扱う。
保護者と受験のかかわりをサポートすべく「親のスキル研究会」主宰。

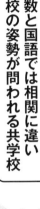

中学1年生から

世界のリーダーをめざして多彩な国際教育を展開

春《かす》日《か》部《べ》共《きょう》栄《えい》中学校

教育理念「この国で、世界のリーダーを育てたい」を掲げ、最高レベルの学力はもとより、これからの世界のトップに立って活躍しうる目的意識と、素養と、対案力と、そしてなによりも人間力を兼ね備えた新しいタイプのリーダーの養成をめざす春日部共栄中学校・高等学校。今年卒業の第11期生（97名）からは、東大をはじめとする最難関大学や医学部医学科へ多数の現役合格者を出しました。そんな春日部共栄では、オンライン英会話を導入する等、中学１年次より様々な国際教育を展開しています。

２０１４年度より グローバルエリートクラス新設

優秀な大学進学実績を残す春日部共栄高等学校のもとに開校した、春日部共栄中学校。早いもので、今春、第11期生97名が高校を卒業しました。

卒業生のうち医学部に7名、東大や一橋大など、国公立大に12名合格。まさに、春日部共栄の中高一貫教育の優秀さが実証された結果といっていいでしょう。

そんな春日部共栄中学校では、これからの世界を導くリーダーの育成を目標とするグローバルエリート（ＧＥ）クラスを設置。新しい時代に求められる中高一貫教育を追求します。

同校の学習指導は、ムダを省き、有機的に再構築した独自のカリキュラムによって進められ、高3次を大学受験準備にあてることを可能にしています。

また、２０２０年度から導入される大学入学共通テストに対応した指導を展開するとともに、海外名門大への進学に対応しているのも、春日部共栄らしさの現れです。

充実のカリキュラムで国際標準の英語力を

「世界のリーダー」をめざすには、しっかりした英語力が不可欠です。毎朝授業前の朝学習では、リスニング力を養います。さらに、単語速習から暗唱コンテスト、スピーチコンテスト、英文法、英作

文指導、オンライン英会話と発展的に実力を磨きます。

また、海外の大学進学も視野に入れ、受験英語の読解力や文法知識の理解と習得、さらにはコミュニケーションの手段として英語を使いこなせるようプレゼンテーション能力に磨きをかけています。そのほか海外の書物を多読することで英語圏の文化的背景までを身につけます。高度な留学英語検定にも挑戦、海外の大学でも通用する英語力を培います。

中学1年次から英語漬けになれるプログラムがたくさん

世界のリーダーをめざす国際学習の機会は、こうした授業以外にもたくさん用意されています。

中1・中2では夏休みに3日間のグローバルイングリッシュプログラムがあります。様々なバックグラウンドを持つ外国人講師のもとで、生徒は10人程度のグループに分かれ、英語を話す、書く、といったアウトプットをひたすら繰り返します。まさに英語漬けの3日間といっていいでしょう。

中3次には春日部共栄独自のプログラムK−SEP（Kyoei Summer English Program）があります。英語圏の大学生を10人程度招き、彼らを先生として多様なプログラムをこなしていきます。ここでも生徒たちはグループに分かれて各先生につき、最終日の英語によるプレゼンテーションを目標に、協力しあいながら異文化理解に努めます。

そして、中3の夏休みにはバンクーバー語学研修が行われます。現地での生活をエンジョイしながら英語力の習得、向上に邁進《まいしん》します。カナダは多民族国家でもあり、英語の勉強だけではなく、異文化理解にも最適な国です。

こうした体験型の国際教育は高校にもつながっていきます。高1・高2ではアメリカのボストンやオーストラリアにある大学で他国から来た同年代の生徒たちと英語力やコミュニケーション力を高めあうことができるグローバル人材育成プログラムがあり、そして高2の修学旅行では1週間にわたってオーストラリアのゴールドコーストを訪れます。これまで磨いてきた英語力を存分に試すチャンスがあるのです。

このように、日ごろの学習と春日部共栄でしか経験できない体験型プログラムを通して、将来世界で活躍できるリーダーを育てている春日部共栄中学校です。

＼ School Data. ／

春日部共栄中学校

【共学校】

埼玉県春日部市上大増新田213
東武スカイツリーライン・アーバンパークライン「春日部駅」バス10分

生徒数　男子198名 女子184名

☎ 048-737-7611

この国で、世界のリーダーを育てたい。

■ 2019年度・大学合格者数(卒業生97名)

● 東京大・一橋大・東京外国語大 合格

国公立	一貫生 12名
早慶理	一貫生 9名
医学部・医学科	一貫生 7名
医歯薬看護	一貫生 20名
G-MARCH	一貫生 47名
海外大	一貫生 4名

■本校独自のグローバルリーダーズプログラム

- 各界の第一人者を招いて実施する年6～8回の講演会
- 英語の楽しさを味わうグローバルイングリッシュプログラム
- 異文化を体感し会話能力を向上させるバンクーバー語学研修
- 各国からの定期的な留学生や大学生との国際交流

グローバルエリート(GE)クラスとは

東大をはじめとする最難関大学や海外大学への進学を目指すことはもちろん、

「この国で、世界のリーダーを育てたい」という開校以来の理念を実現するクラスです。

すべての生徒がこのグローバルエリートクラスに所属し学びます。

学校説明会

10:00～12:00

11月17日(日) 入試問題解説会

11月24日(日) 入試問題解説会

小学校5年生以下対象説明会

10:00～12:00

12月15日(日) 体験授業

令和2年度(2020年)入試概要 インターネット(Web)出願のみ

	第1回		第2回		第3回	第4回
試験日	1月10日(金)		1月11日(土)		1月13日(月)	2月3日(月)
入試種別	午前 4科	午後 4科	午前 4科	午後 2科・4科	午前 2科	午後 2科
募集定員	グローバルエリート(GE)クラス 160名					
試験会場	本校				本校 または 大宮ソニックシティ6階	越谷 コミュニティセンター
合格発表(インターネット)	1月10日(金) 19:00予定	1月10日(金) 22:00予定	1月11日(土) 19:00予定	1月11日(土) 22:00予定	1月13日(月) 19:00予定	2月3日(月) 22:00予定

※試験科目 4科(国語・算数・社会・理科)／2科(国語・算数)

事前申し込み不要です。日程は予定ですので、HPなどでご確認のうえ、ぜひお越し下さい。

春日部駅西口よりスクールバスを用意させていただきます。

春日部共栄中学校

〒344-0037 埼玉県春日部市上大増新田213 TEL.048-737-7611
東武スカイツリーライン／東武アーバンパークライン 春日部駅西口からスクールバス7分
https://www.k-kyoei.ed.jp

IKUBUNKAN
YUME
GAKUEN
SINCE 1889
行けば納得。
理事長説明会 開催
11/30 土
14:00～ ※詳細はHPよりご確認ください。
“郁文館が考える
子どもたちの幸せとは。”
理事長自らが語る
郁文館夢学園の「夢教育」
Ikubunkan Junior High School
郁文館中学校
〒113-0023 東京都文京区向丘2丁目19番1号
Tel 03-3828-2206(代) Fax 03-3828-1261
https://www.ikubunkan.ed.jp/
公式サイトを
チェック！

NEWS 2019

\ 入試によく出る時事ワード /

ノーベル賞

今年のノーベル賞の発表が、今号の締め切り日10月7日、生理学・医学賞を皮切りに始まりました。

現在、ノーベル賞には、生理学・医学賞のほか、物理学賞、化学賞、文学賞、平和賞、経済学賞の６つの賞があります。受賞者の発表は14日の経済学賞まで続きます。

1901年に創設されたノーベル賞は、世界に数ある褒賞《ほうしょう》制度のなかで、最も権威ある賞として世界中の人々に認識されています。

ダイナマイトを発明し、莫大な財産を築いた実業家アルフレッド・ノーベルが、この賞の創設を遺書に残したことによって、ノーベル賞は始まりました。受賞者には、物理学の大家・アインシュタイン、放射性物質研究のキュリー夫妻など、その道の開拓者といっていい人物の名が並びます。

アルフレッド・ノーベル（1833～96年）ダイナマイトの発明で知られる実業家。「国籍を問わず、発明や発見をした人」を讃える賞の創設を遺書に残した。（写真：ROGER_VIOLLET）

歴代受賞者はそのまま「世界の進歩」の歴史を表しているといっても過言ではありません。

ノーベル賞受賞者には、日本円にして各賞１億円以上の賞金が贈られます。科学系の賞では１つの賞を複数の人（３人まで）が受賞することがありますが、複数の場合は、その賞金を受賞者で分配します。

では、ノーベル賞を受賞する人はどうやって選出されるのでしょうか。その実務を担うのは、各賞を担当する選考組織「ノーベル賞選考委員会」ですが、各賞の高額賞金と同じぐらいの費用と時間をかけて、候補者の調査をするといいます。

毎年10月にノーベル賞は発表されますが、その前月の９月には、翌年の候補者を推薦してもらう作業が始まっています。推薦を依頼されるのは、過去の受賞者や世界中の著名な研究者で、依頼状は約3000人に送られますが、それがだれなのかは明らかにはされません。

推薦者からは、締め切りの翌１月までに数百人の候補が集まり、選考委員会は業績を調べ上げ、数カ月かけて数人の候補者を選びます。そのなかから発表直前に多数決で、受賞者が決められます。

選考の基準も明らかにはされていませんが、ノーベルの遺言に科学分野では「発見者や発明者、先駆者に限る」と記されているとされており、誰かの発見から思いついたり、それを基に簡単に成果に結びつけられたものは選ばれません。

2002年、日本人の田中耕一さんが化学賞を受賞して世間を驚かせました。田中さんは学者ではなく会社員だったからです。

田中さんはタンパク質の質量を分析する装置を開発した功績を認められたのですが、この分野ではそれまで、この成果を実用段階にまで高めた２人のドイツ人研究者が有名でした。２人の英語論文発表は田中さんより早かったのですが、その論文に、それ以前に田中さんが日本で行った学会発表を参考にした、と書いてあったため２人ではなく、田中さんにノーベル賞は贈られたのです。

ノーベルの「真の先駆者に光を当てる」精神が、ここでも生きていたのです。

入試問題ならこう出題される

⇩

基本問題

【問題１】
ノーベル賞の創設を遺書で提言した実業家が、アルフレッド・ノーベルです。ノーベルは、自身が発明したものが戦争に使われたことを憂いての発案だったと言われています。その発明したものとはなんですか。

【問題２】
ノーベル賞には、６つの賞があります。あなたが知っている賞を３つ、記しなさい。

【問題３】
ノーベル賞の６つの賞のうち、科学系の賞はいくつありますか。賞の名前も答えましょう。

【問題４】
科学系のノーベル賞は、複数の人に同時に与えられることがあります。受賞者が複数のときは、賞金は分配されます。同時に受賞する場合は最大で何人ですか。

【問題５】
ノーベルは、科学系のノーベル賞が与えられる基準を、その遺書に「国籍を問わずに」、その業績を初めに「[①　　]した人」や「[②　　]した人」に与える、と記していると言われています。

発展問題

日本人のノーベル賞受賞者も数多くいますが、あなたが知っている日本人受賞者の名前とその賞の名前、業績の内容を、簡単に、合わせて50字以内程度で書きなさい。

基本問題　解答
【問題１】ダイナマイト　**【問題２】**文学賞、平和賞、経済学賞など
【問題３】３つ、生理学・医学賞、物理学賞、化学賞　**【問題４】**３人
【問題５】①発明　または　発見　②発見　または　発明
発展問題　解答〔例〕
田中耕一さんが受賞したノーベル化学賞。タンパク質の質量を分析する装置を世界で初めて開発した。(46字)

三田国際学園中学校

MITA International School

「知好楽」の教育理念のもと グローバル時代に通用する 人材を育成する

School Information
〈共学校〉

Address
東京都世田谷区用賀 2-16-1
T E L
03-3707-5676
Access
東急田園都市線「用賀駅」徒歩５分
U R L
http://www.mita-is.ed.jp/

共学化以降の中高一貫生がまだ卒業していないにもかかわらず、年々人気が増している三田国際学園中学校。その秘密は、決してぶれることのない教育理念・ビジョンにあります。

1

１７年前の学校創立時から、三田国際学園中学校（以下、三田国際学園）に受け継がれてきた教育理念「知好楽」。孔子の教えに由来するこの言葉を、創立者・戸板関子が「楽しさの中にこそ、人間の進歩がある」という思いとともに建学の精神として掲げました。

それを「第2の建学」ともいえる、共学化・校名変更のおりに、「さまざまな知に出会い、それを行動の源として自らの世界を広げ、社会との関わりの中で自分自身の生き方を見つける」と新たに位置づけました。そのうえで、このグローバル時代に必要とされる人材を育てるべく、「12のコンピテンシー（能力・行動特性）」「5つの力」を身につけられる「世界標準」の教育を行っています。

「12のコンピテンシー」とは、ともに様々なものを作り上げていく「共創」を柱に、「創造性」「責任感」「社会参画」「リーダーシップ」「率先」「探究心」「コミュニケーション」「生産性」「問題解決能力」「革新性」「異文化理解」という12の項目です。

「5つの力」とは、「考える力」「英語」「サイエンスリテラシー」「コミュニケーション」「ICTリテラシー」です。

三田国際学園では、これらをあらゆる場面で伸ばしていけるように、学校生活・教育内容が設計されています。そして、それは決して看板として掲げているだけ、というようなものではありません。

「本校が三田国際学園となってから、中高6年一貫教育を受けて卒業した生徒はまだいません。それにもかかわらず、ありがたいことに毎年説明会にご来場いただく人数、実際に受験していただく人数が増加しています。これは、受験生やそのご家族に、いわゆる大学合格実績のような数字だけで判断していただいているのではなく、説明会などを通して大橋清貫学園長らが説明する教育理念、ビジョンをご評価いただき、ここで学んでみたい、学ばせてみたい、と思っていただけているからだ

2020年度 三田国際学園中学校 募集要項

試験日	2月1日（土）			2月2日（日）	2月3日（月）	2月4日（火）
	午前	午後		午後		
入試区分	第１回	第２回	算数入試	第３回	MST入試	第４回
募集定員	本科15名 インターナショナル15名	インターナショナル30名	本科20名	本科20名 インターナショナル20名	メディカルサイエンステクノロジー30名	本科５名 インターナショナル５名
選考方法	本科：４教科 インターナショナル：４教科	４教科	算数	本科：４教科 インターナショナル：４教科 または英語・面接	算数・理科	本科：４教科 インターナショナル：４教科 または英語・面接

	４教科	算数入試	英語	MST入試
時間・配点	国語・算数 （各50分／各100点） 社会・理科 （計50分／各50点） 合計300点	算数 （60分／100点）	英語　リスニング含む （60分／100点） 面接：英語と日本語 （本人のみ）	算数・理科 （各60分／各100点） 合計200点

と考えています」と今井誠教頭先生が話されるように、目に止まりやすい数字ではなく、その中身がしっかりとしていると感じられるからこその成長なのでしょう。併願校のレベルも年々上がり、都内トップクラスの学校へと近づいている、という手応えもあるそうです。

そんな三田国際学園には、個性的な3つのクラスがあります。

「本科クラス」は、「考えること」にフォーカスした授業などを通して、主体性・創造性を育むクラスです。とくに中2からの「基礎ゼミナール」は、生徒の興味に基づいた講座を選択し、大学のゼミのごとく、課題設定、調査・研究などを行うことで、文系・理系を問わず、「研究者たる姿勢」を身につけることができます。

「インターナショナルクラス」は、中1から週10時間英語の授業が設定されているなど、高い英語力や国際感覚を養うカリキュラムがある一方、帰国生と中学から英語を学ぶような生徒が同じクラスにいるといった、多様なバックグラウンドのクラスメイトが同居することで、多様性を肌で感じることができるのが魅力です。

そして、今年度からスタートした「メディカルサイエンステクノロジークラス」（ＭＳＴ）は、数学・理科分野への興味や学習意欲が高い生徒を、さらに伸ばしていくためのクラスです。初年度から人気を集めて、算数・理科の2教科という特殊な入試形式でありながら、２００人以上の受験生を集めました。さらに、1クラス40人の男女比が男子18人、女子22人と、女子が多いことも特筆点です。

様々な入試形式が生徒の多様性を生む

ここからは、来春の入試についてご紹介しましょう。

２０１８年度（昨春）入試までは、４教科入試は全教科、基本問題が50%、応用問題と思考力問題が25%ずつでした。この割合を今春から基本30%、応用35%、思考力35%という割合に変更しました。

これは、三田国際学園の教育理念に従い、考えることに意欲的で、表現力が高い、思考力問題でしっかり得点できる受験生を評価したいという思いがあるからです。

また、今春から2月1日午後に導入された本科クラスの「算数入試」はそのまま継続されます。これは、「5つの力」のうち、基礎ゼミナールなどで問われることも多いサイエンスリテラシーやＩＣＴリテラシーの基礎となる教科が数学であることから、その力に優れた生徒を求めるために始められました。

もう1つ特徴的なのが、2月3日にある「ＭＳＴ入試」（算数・理科）です。４教科入試の算数・理科とどう違うのかといえば、基礎、応用、思考力問題の割合は変わりませんが、より出題される問題の深度が増しているところです。

算数入試、ＭＳＴ入試ともに、算数の思考力問題は2問ずつあり、問題に出てくる資料や会話を参考に、自分なりに答えることが求められます。

こうしてみていくと、自ら考え、それを表現する力がないと、三田国際学園の入試問題を解くのは難しいのではないか、そう感じる読者もいるかもしれません。しかし、その心配はいりません。

「基本と応用で65%になるため、これまでの努力で積み重ねた基礎学力を発揮してもらえれば、合格基準に達することも十分できますので安心してください。ただ、そのうえで思考力問題にも挑戦してもらい、『私はこう思う』というものを思いきって出していくことによって、さらに加点されていく、と考えてもらえれば」と今井先生が説明される通り、こうした問題に苦手意識があるからといって敬遠する必要はないと言えます。

そうはいっても、こうした問題にあまりなじみがない、という読者のみなさんは、ぜひ11・12月に実施される入試傾向説明会に足を運んでみてください。

出題例などをもとに、具体的な説明がなされるこの説明会に出席することで、実際の問題がイメージしやすくなるでしょうし、同時に学校の雰囲気を体感することもできます。

ここまでご紹介してきたような確固たる生徒育成のビジョンを持ち、都内でも最先端を走る教育を実践している三田国際学園中学校。様々な入試形式を通して多様な生徒が入学してくる、この刺激的な学び舎で、6年間を過ごしてみませんか。

中学説明会・入試傾向説明会〈要予約〉

11月16日（土）　10：00／12：40
12月21日（土）　10：00

ジュクゴンザウルスに挑戦！

熟語パズル

「熟語のことならなんでも知っているぞ」っていう
ジュクゴンザウルスが「このパズル解けるかな」っていばっているぞ。
さあ、みんなで挑戦してみよう。答えは96ページ

【問題】次に示す熟語は特別な読み方をします。下の【例】を参考にして、これらの熟語の読みを、左の表からすべて見つけ出してください。表での読みは、タテ、ヨコ、ナナメに一直線に並んでいますが、下から上に読んだり、右から左へ読んでもかまいません。線を書いて消していくとわかりやすいでしょう。

時計　海女　明日
素人　投網　時雨

し	ろ	う	と
ぐ	す	あ	け
れ	み	ま	い

【例】左の表には、果物屋で売っている次の果物が、7つ隠れています。すべて探し出してください。

クルミ、イチジク、イチゴ、ミカン、ライチ、クリ、リンゴ

【例】の答え

イ	ク	ル	ミ
ゴ	チ	イ	カ
ン	イ	ジ	ン
リ	ラ	リ	タ

駒込中学校【共学校】

KOMAGOME JUNIOR HIGH SCHOOL

時代の先進校！ 駒込中学校 今年度も続く『本気の入試改革』

―6ヵ年中高一貫の長所をいかすふたつのコース―

目的の異なる3回の『適性検査型入試』

昨年度と同様に、『適性検査型入試』は2月1日午前と午後、2月2日午前の3回実施します。科目内容としては、2月1日午前に「適性Ⅰ・Ⅱ・Ⅲ」として都立最難関中高一貫校に準拠した問題、2月1日午後は「適性1・2・3」として区立中高一貫校に準拠した問題、最後の2月2日午前は「適性Ⅰ・Ⅱ」の2科目ではありますが、都立中高一貫型の問題となっています。

2月2日午後入試にふたつの『特色入試』を実施！

2020年からプログラミング教育が小学校で必修化されますが、すでにお子様をプログラミング教室に通わせているご家庭もあります。身のまわりにある「課題を発見」し、プログラミングしたロボットをつくることでその「課題を解決」する力を身につけます。しかし、「課題発見力」「課題解決力」をせっかく身につけても入試では役に立たないのですが、それならば「駒込中学入試」の『特色入試』として「上記の力も測る入試をしよう！」ということで、2月2日の午後入試に『STEM入試』を実施しています。

また、駒込では中学でも高校でも「調べる能力」「発表する能力」を高める授業を展開していますが、中学入試においても、iPadや図書室の蔵書を使って調べ学習をしたり、ディベートで論理的に考えたりすることが好きな生徒に、「プレゼンテーション資料」を作成してもらう『自己表現入試』を同じく2月2日午後の『特色入試』で実施しています。『STEM入試』も『自己表現入試』もどちらも体験会を開催しますので、経験を積んだ上で入試本番に臨むことができます。

中高6年一貫をいかしたふたつのコース制度

駒込を受験する場合には、まず出願時に「本科コース」または「国際先進コース」を選択します。「本科コース」は、難関国公立・私立大への進学や、美術・音楽・体育等の芸術系に進みたい生徒のために、6年間をかけて幅広い学力を身につけるコースです。

一方、「国際先進コース」は、高校1年に進学する際、STEM教育を実施する「理系先進コース」またはグローバル社会で活躍できる人材育成を行っている「国際教養コース」のどちらかに直結するため、高い専門知識を身につけるコースになっています。

2020年4月より新制服に！

来年度より中学校の制服が新しくなります。中学生徒会が中心となりアンケートをとってデザインなどを決めました。説明会や文化祭にてぜひご覧になってください。

◉2020年度　中学入試日程

第1回	日程	2月1日（土）午前
	受験型	2科目・3科目・4科目 適性検査型A （3科目　適性Ⅰ・Ⅱ・Ⅲ）
	定員	本科20名・国際先進20名
第2回	日程	2月1日（土）午後
	受験型	2科目・3科目・4科目 適性検査型B （3科目　適性1・2・3）
	定員	本科20名・国際先進20名
第3回	日程	2月2日（日）午前
	受験型	2科目 適性検査型C （2科目　適性Ⅰ・Ⅱ）
	定員	本科10名・国際先進10名
第4回	日程	2月2日（日）午後
	受験型	ＳＴＥＭ入試 自己表現入試
	定員	本科5名・国際先進5名
第5回 ※帰国生入試も有。	日程	2月4日（火）
	受験型	1科目（国または算）
	定員	本科5名・国際先進5名

SCHOOL DATA

ADDRESS
〒113-0022
東京都文京区千駄木5-6-25

ACCESS
地下鉄南北線「本駒込駅」徒歩5分、地下鉄千代田線「千駄木駅」・都営三田線「白山駅」徒歩7分

TEL 03-3828-4141

URL https://www.komagome.ed.jp/

School Selection

「取り出し授業」も充実！ グローバル教育の理想を体現

東《とう》京《きょう》都《と》市《し》大《だい》学《がく》付《ふ》属《ぞく》中学校

School Information〈男子校〉

- Address：東京都世田谷区成城 1-13-1
- TEL：03-3415-0104
- Access：小田急線「成城学園前駅」徒歩 10 分
- URL：https://www.tcu-jsh.ed.jp/

毎年40人以上の帰国生が入学する東京都市大学付属中学校。英語の「取り出し授業」をはじめ、帰国生の特性を活かした「内側からのグローバル化」をめざしています。

難関大学をめざした教育プログラムにより、大学合格実績を着実に伸ばしている東京都市大学付属中学校（以下、東京都市大付属）。新たな大学入試制度に対応すべく、3年間で60テーマにおよぶ科学実験や、社会人OBによるキャリア教育など、生徒が主体的に学べるカリキュラムが実践されています。

さらにもう1つの柱であるグローバル教育では、2014年度より帰国生入試を導入し、世界各国で育った様々なバックグラウンドを持つ生徒を積極的に受け入れています。今回は、グローバル教育を指導する松尾浩二先生に、実際にどのような授業が行われているのか教えてもらいましょう。

現地校と同じレベルをキープする「取り出し授業」

「中学では各学年44～50人の帰国生がいますが、一般受験で入学した生徒と同じクラスで学ぶのが本校の特徴です。しかし英語は、小学生で英検準一級に合格するような高い英語力を持つ生徒が、初めて学ぶ生徒といっしょに授業を受けるのは無理があります。そこで始まったのが、帰国生を対象にしたネイティブスピーカーによる英語の『取り出し授業』です。希望者を対象に中1～高1までの4年間、週4回、1クラス10人前後で、海外現地校と同レベルを維持すべく、グループワークやプレゼンテーションを盛り込んだ多角的な授業に取り組んでいます。入学時から高い英語力を持つ帰国生たちは、その実力の伸長を図るために校外の予備校や塾に通う必要がありません。

帰国生入試の英語は非常にレベルが高く、英検準一級程度の実力が必要です。その代わり、他教科は一般入試の問題に比べ、基礎を中心とした比較的平易な内容になっています。確かに入学後、他科目で一般生のレベルに追いつくのは大変ですが、帰国生はそもそもポテンシャルが高く、在学中の6年間にすべての教科で優秀な成績を収めるようにな

【左】三浦直央《みうらなお》さん（中3）。幼少期をドイツで過ごし小2でシンガポールから帰国。塾と家で英語の勉強を続け、小3で英検2級、小5で準一級に合格。入試は英語・算数・国語の3科目で受験。

【右】田口大河《たぐちたいが》さん（中3）。小2から小5までアメリカで過ごす。帰国後、進学塾に通い、国語・算数・社会・理科の4科目で受験。

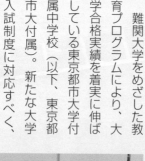

る生徒が数多く存在します」（松尾先生）

帰国生が生きた海外経験を伝え「内側からのグローバル化」を促す

「現地校に通っていた生徒は、どうしても国語、社会、理科が遅れがちなので、帰国生入試はそういう生徒のために英語、算数、国語または作文（日本語）で受験可能となっています。ちなみに、作文は普通レベルの日本語能力があるかどうかを確認するためのものであり、それが大きく合否に関わることはありません。また、昨年度から、国語が不得手な生徒を対象に『逆取り出し授業』もスタートしました。なかには小学校の6年間、現地校で学んだ生徒もおり、漢字のへんとつくりから教えるなど、生徒1人ひとりに合わせた授業を展開しています」（松尾先生）

小学生時代に4年間アメリカの現地校で過ごした田口大河君（中3）も、受験時に国語と社会に苦戦した1人。東京都市大付属を志望した理由は「両親も英語のレベルを維持させたかったようで、帰国生の『取り出し授業』があることを受けました。自分と同じレベルの友だちがたくさんいるので、英語で話すのが当たり前になっています。パワーポイントで資料を作り発表する授業のおかげで、表現力がアップし、小学生でできなかった英検準一級に中2で合格できました。東京都市大付属は、勉強だけでなくスポーツも本気。広いグラウンドで部活動のサッカーに打ち込み、都大会に出場できました」

幼少期から小2までドイツとシンガポールで過ごした三浦直央君は、小学生のときに英検準一級に合格した実力の持ち主。

『取り出し授業』のグループワークでは、自分の意志を伝える力がつきました。中2から定期テストで英検一級の単語が範囲になるので、早い段階から受験準備ができます。小学校では全然話さなかったけれど、東京都市大付属では友だちと自然に英語で話せ、ぼくが得意な英語を教え、逆に苦手な社会を得意な友達から教えてもらったりしています」

また、東京都市大付属では、帰国生入試のほかに、海外在住経験がなく、インターナショナルスクールなどで英語を勉強してきた生徒や、外国籍の親を持つ生徒を対象とした「グローバル入試」も行っています。試験科目は英語（英検準2級程度）、算数、作文（日本語）で、様々なバックグラウンドを持つ生徒を受け入れています。なお、グローバル入試受験の生徒も、英語の「取り出し授業」に出席が可能です。

「英語圏だけでなくヨーロッパ、アジア、アラブ諸国と帰国生の滞在先は世界中に広がっています。実際にその国に住んでいたからこそわかる海外の生活や文化を一般生に伝えてもらうことで『内側からのグローバル化』を促し、語学力に留まらない真のグローバル教育をめざしています」（松尾先生）

東京都市大付属では4つの海外研修を実施しており、高1で行う全員参加のアメリカ西海岸研修旅行では、現地家庭にホームステイして生きた英会話を学び、UCLA（カリフォルニア大学ロサンゼルス校）やスタンフォード大学を見学します。将来留学を考える生徒にとっては、貴重な体験が積める場となっています。このほか、希望者を対象にしたマレーシア異文化体験プログラム、短・長期のニュージーランド語学研修も実施しており、学校の内と外で世界を知る環境が整っています。

東京都市大学付属中学校　2020年度入試　募集要項

	一般入試				グローバル入試	帰国生入試			
	第1回	第2回	第3回	第4回		A方式		B方式	
試験日	2月1日 午後	2月2日 午前	2月4日 午前	2月6日 午前	2月2日 午前	1月6日			
募集人員 Ⅱ類	約40名	約20名	約10名	約10名	若干名	若干名			
募集人員 Ⅰ類	約80名	約40名	約20名	約20名	若干名	若干名			
出願方法	インターネット出願のみ								
出願期間	1月10日〜				1月10日〜	12月1日〜			
	〜2月1日 13:00	〜2月2日 7:00	〜2月4日 7:00	〜2月6日 7:00	〜2月2日 7:00	〜1月6日 7:00			
試験科目	国語・算数・社会・理科（4教科型）国語・算数（2教科型）	国語・算数・社会・理科			英語・算数・作文（日本語）	国語型 英語・算数・国語・面接	作文型 英語・算数・作文（日本語）・面接	2教科型 国語・算数・面接	4教科型 国語・算数・社会・理科・面接
合格発表	インターネット 当日23:00〜翌日11:00 校内掲示 翌日 7:30〜13:00	インターネット 当日18:00〜20:00 校内掲示 翌日 9:00〜11:00				インターネット 当日20:00〜22:00 校内掲示 翌日 9:00〜13:00			

Event Schedule

- 「授業見学ができる」土曜ミニ説明会〈要予約〉
  11月2日（土）、1月18日（土）
  両日とも10:00〜11:30
- 「授業見学ができる」水曜ミニ説明会〈要予約〉
  11月13日（水）
  10:00〜11:30
- 入試説明会・過去問チャレンジ〈要予約〉
  11月23日（土祝）
  10:00〜12:30

親子でやってみよう

科学マジック

磁石になったスプーン

今回は、不思議なスプーンのマジックを紹介しよう。あなたの強〜い念力で、いつも使っているスプーンが磁石に変身してクリップを持ち上げることができるのです。これにはお友だちもビックリだ。

step 1　用意するもの

①ゼムクリップ（数個）　②強力磁石（ネオジム磁石など）　③スプーン（スチール製）　④方位磁石

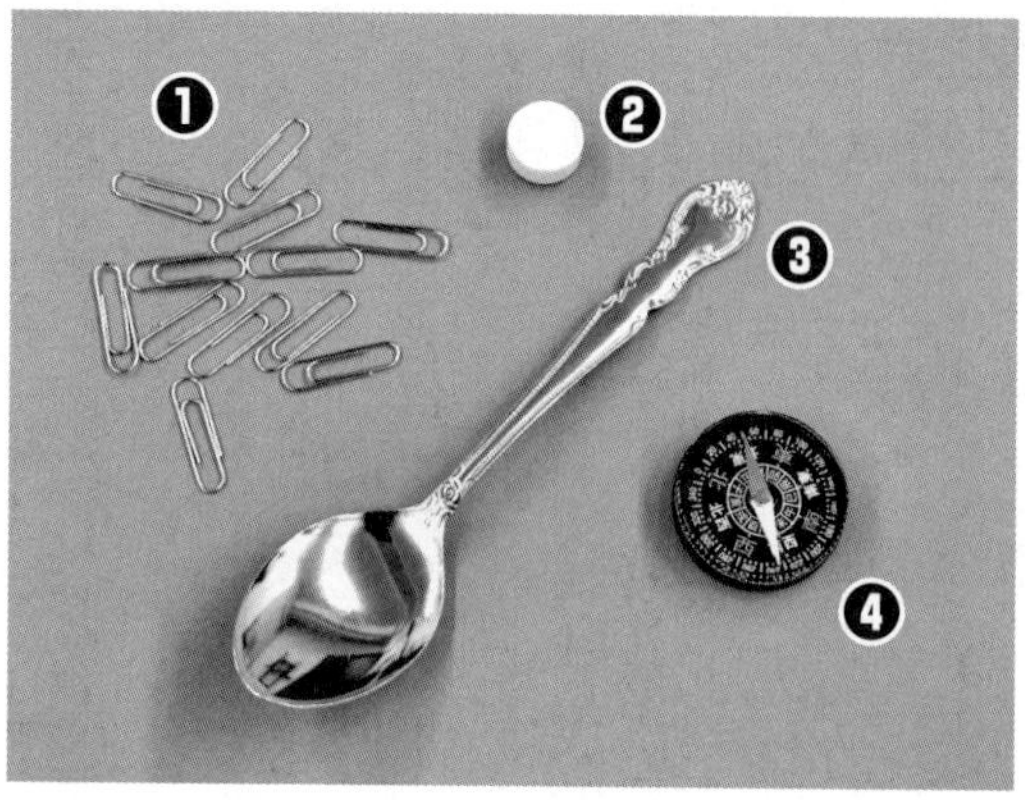

step 2　スプーンに念力をかける

スプーンに、あなた独特の「エーイッ」や「ハッ！」などのおまじないや念力をかけたあと、スプーンの先端をゼムクリップに近づけます。

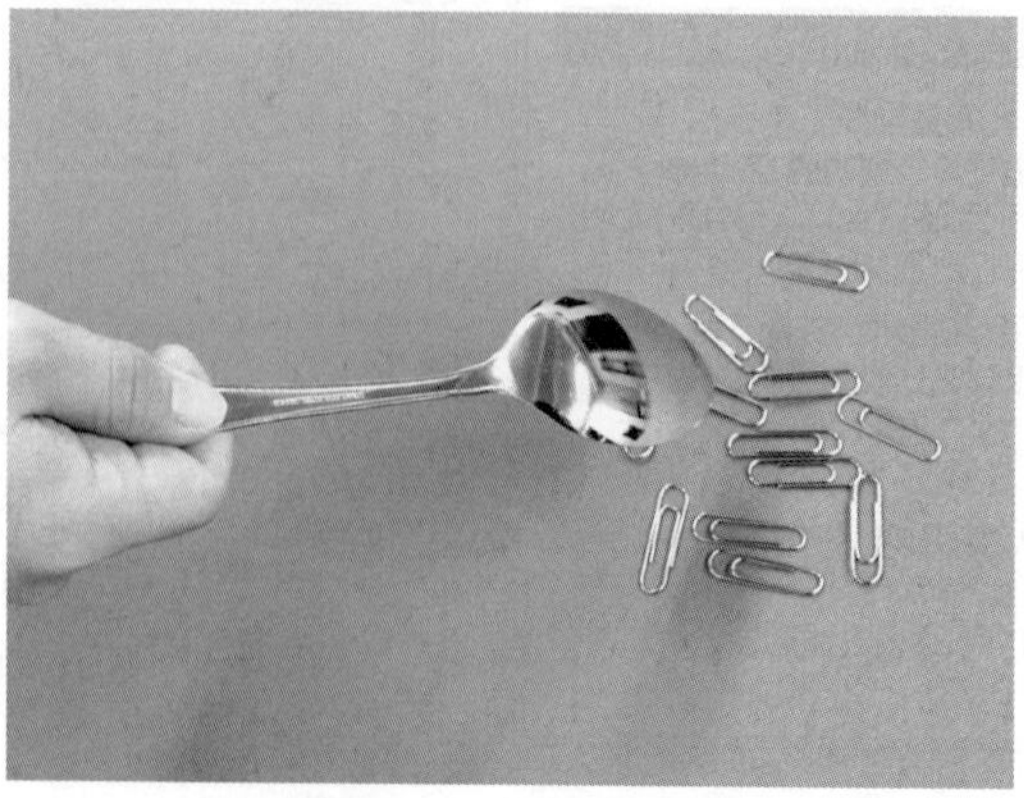

step 3　スプーンが磁石に変身

あらら、なんと、スプーンの先端でゼムクリップをいくつも吊り上げることができました。スプーンが磁石になっていたのです。

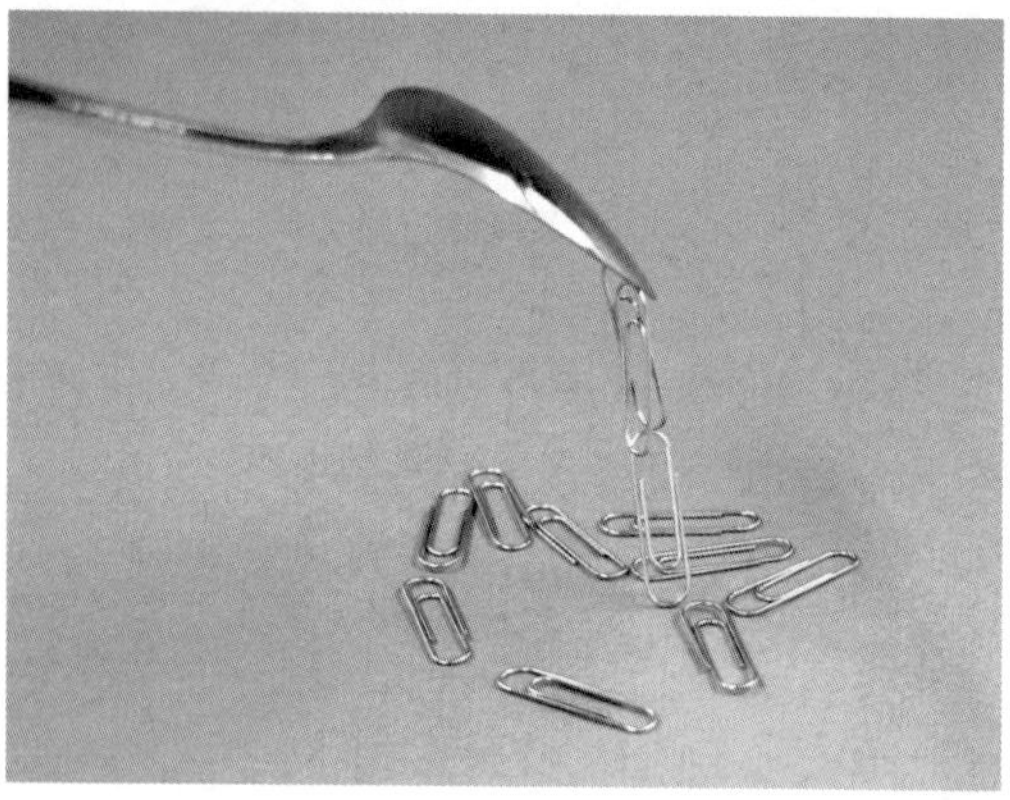

step 4　でもスプーンをたたくと

スプーンでテーブルをトントンとたたくと、もうゼムクリップは持ち上がりません。ただのスプーンに戻ってしまいました。

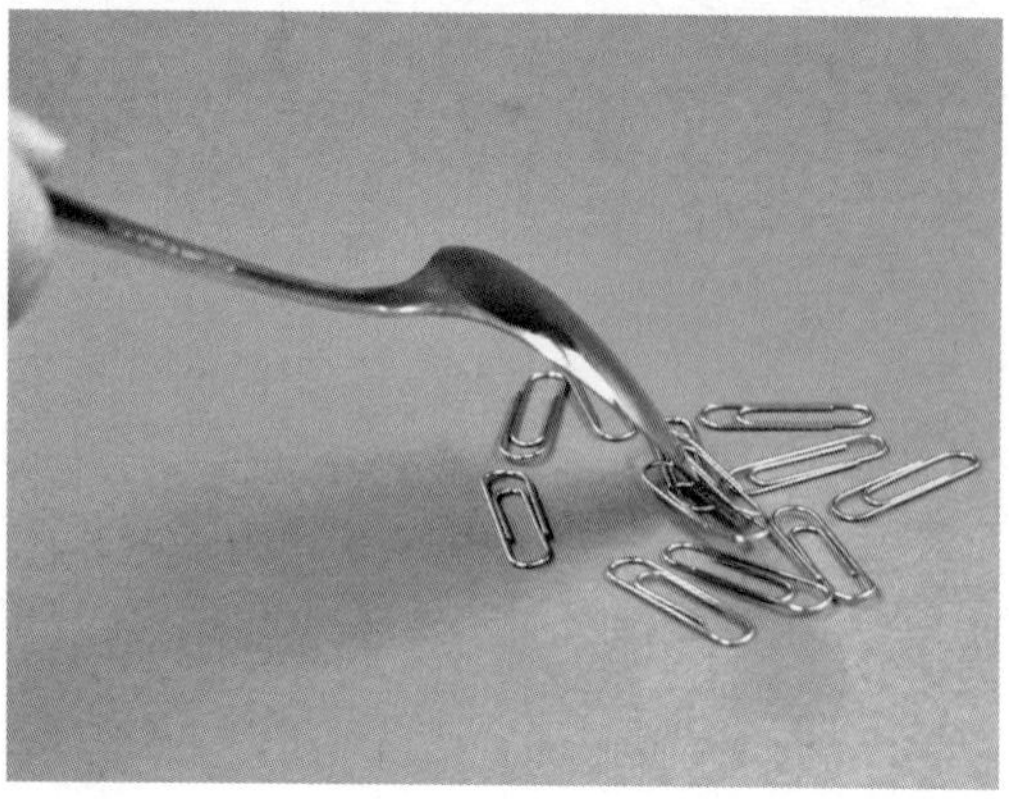

親子でやってみよう
科学マジック

種明かしと解説

じつは、このスプーンは、強力磁石で一定方向にこすっておいたものなのです【写真ア】。

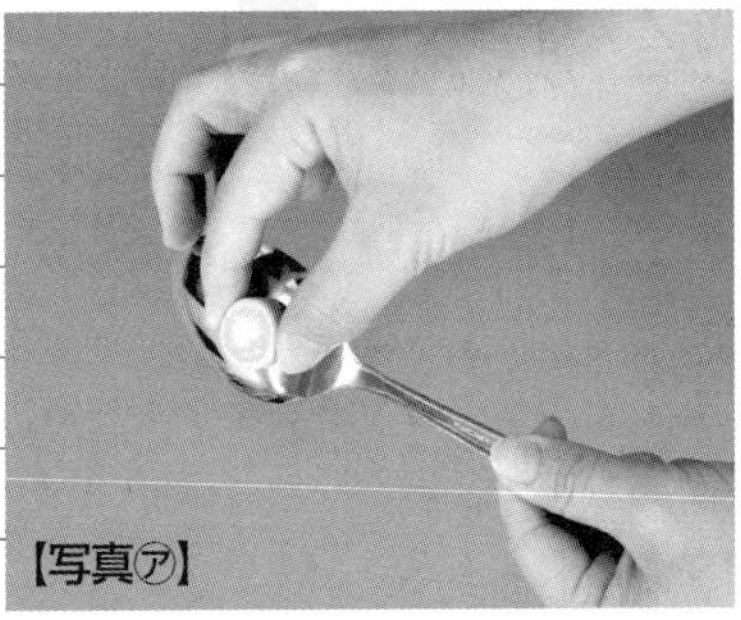
【写真ア】

物質の磁気的性質を「磁性」と呼びますが、普段、磁性は物質のなかでバラバラの方向を向いています【イラストA】。外から加えた磁場の方向にN極、S極の向きがそろう現象を「常《じょう》磁《じ》性」と呼びますが、今回のマジックは、その性質を利用したものです。

【イラストA】

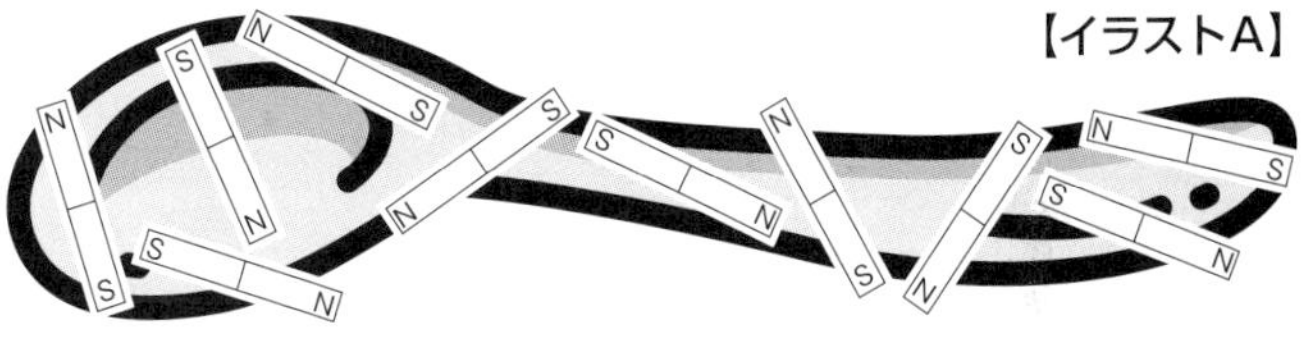

スプーンは磁石でこすられたため、N極、S極の向きがそろって磁石となり、クリップがくっつきました【イラストB】。

【イラストB】

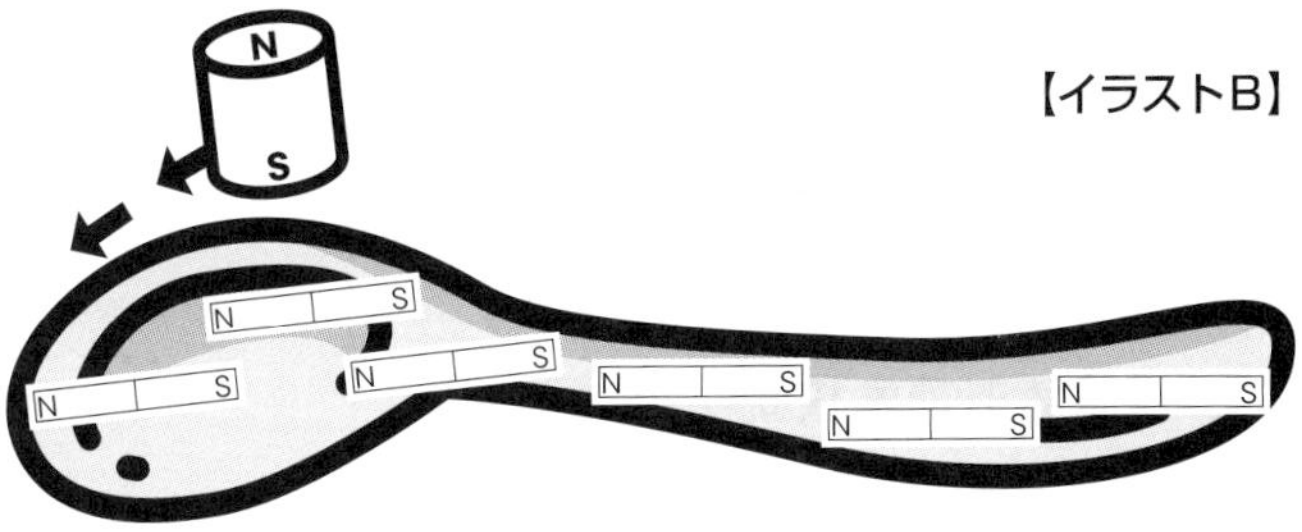

常磁性の物質は衝撃によって、もとに戻ってしまうため、スプーンはテーブルをたたくことで磁性はバラバラの向きを向いて、もう磁石ではなくなってしまいます。

【写真イ】

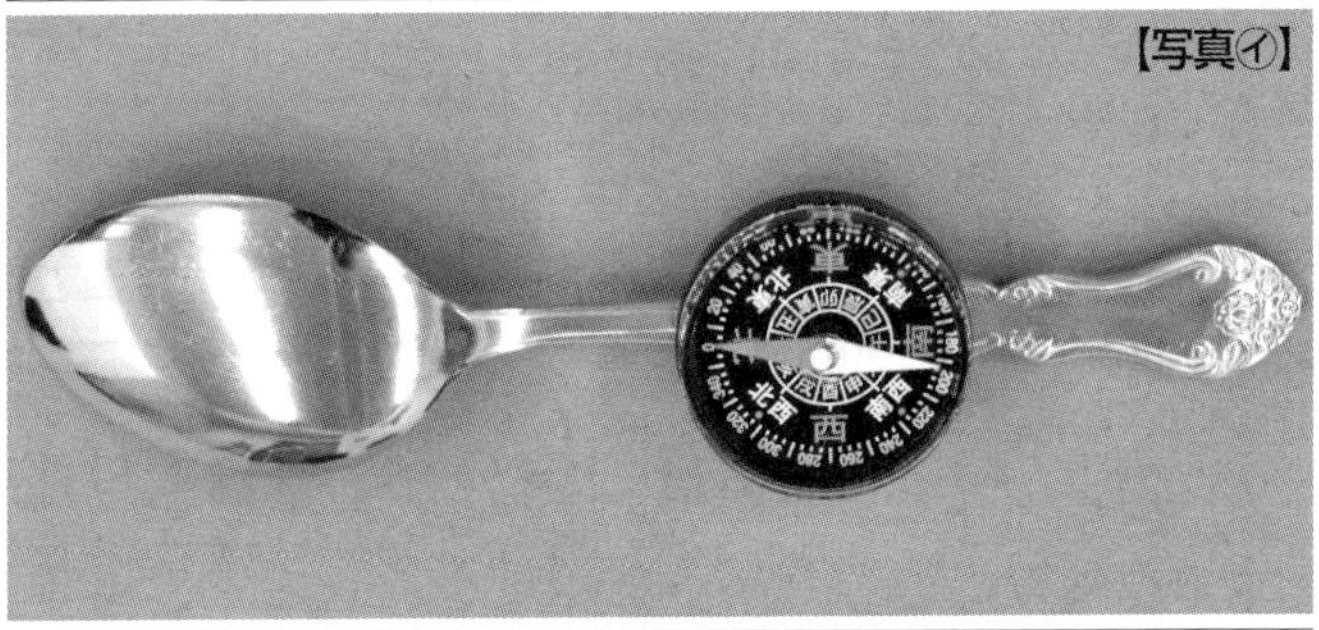

試しに、磁石でこすったスプーンに、方位磁石を乗せてみましょう。スプーンの先の方がN極、反対の持ち手側の方がS極の磁石になっていることがわかります【写真イ】。

6年間で最大5ヶ国を訪問
学びの扉を世界に開き
世界レベルでの自己実現を目指す

多摩大学目黒の英語教育の大きな目標の一つは世界中で必要とされる日本人を育てることです。２名のネイティブ専任教員による英会話の授業では英語表現の背景にある文化や習慣、ものの考え方を紹介しながら、幅広い表現力を身につけ、世界中に通用する英語を習得します。さらに６年間で最大５ヶ国を訪問することにより、世界規模で物事を考えることのできる広い視野と世界を相手にしっかり「交渉」できるコミュニケーション力を磨きます。

これらの経験と能力は 10 年後、20 年後に社会人として国内でも海外でも常に必要とされる人物であり続けるための確固たる土台となります。

1人1台iPadを活用、考える力と伝える力を伸ばす！

生徒と教員、また生徒同士をつなぐコミュニケーションツールとして1人1台iPadを活用。学習到達度や指導経過を確認しながら一人ひとりに最善の指導ができます。また調べたり考えたりした内容をiPadにまとめる作業を通して、考える力や伝える力を伸ばします。

大学・官公庁・企業と連携したアクティブラーニング

多摩大学と高大連携を軸に官公庁や企業と連携したアクティブラーニングが始動しました。地域振興や国際会議、起業プロジェクトなど様々な活動に参加することを通して、知的活動の幅を広げます。これらの経験は2020年から始まる新たな大学入試に対応する学力を伸ばすことにつながり、大きなアドバンテージになります。

●中学受験生・保護者対象学校説明会 予約不要

11/ 9 (土) 10:00～ 授業見学あり

1/10 (金) 19:00～

1/11 (土) 10:00～ 授業見学あり

●クラブ体験 要予約

（保護者の方はクラブ体験見学または説明会をお選びいただけます）

11/23 (祝) 10:00～12:00　会場：あざみ野セミナーハウス
※前々日までに電話または HP にてご予約ください。

●特待・特進入試問題解説会 要予約 ※先着80名限定

12/14 (土) 10:00～

●2020年度生徒募集要項

試験区分	進学 第1回	進学 第2回	特待・特進 第1回	特待・特進 第2回	特待・特進 第3回	特待・特進 第4回	特待・特進 第5回
募集人員	74名		特待20名 特進20名				
出願期間	1月10日（金）より各試験当日午前1時まで。（特待・特進第3～5回は当日朝窓口出願可能）						
試験日	2/1（土） 8:30集合	2/2（日） 8:30集合	2/1（土） 14:30集合	2/2（日） 14:30集合	2/3（月） 14:30集合	2/4（火） 10:00集合	2/6（木） 10:00集合
試験科目	2科または4科（出願時に選択）		4科		2科		
合格発表（ホームページ）	各試験当日 14:00～16:00		各試験当日 21:00～21:30			各試験当日 14:00～16:00	
合格発表（校内掲示）	各試験当日 14:00～16:00		各試験翌日 12:00～13:30			各試験当日 14:00～16:00	

明日の自分が、今日より成長するために…

多摩大学目黒中学校

〒153-0064 東京都目黒区下目黒 4-10-24　TEL. 03-3714-2661
JR 山手線・東急目黒線・都営地下鉄三田線・東京メトロ南北線「目黒駅」西口より徒歩 12 分
東急東横線・東京メトロ日比谷線「中目黒駅」よりスクールバス運行
多摩大学目黒　検索　https://www.tmh.ac.jp

教えて中学受験Q&A

6年生

Question

**中学受験の勉強で子どもに質問されたとき
親は教えるべきでしょうか？**

息子からときどき、中学受験の勉強について教えてと言われます。入試問題はなかなか難しい内容が多く、即答できなかったり、私の解き方が正しいのかどうか自信がありません。中学受験の勉強は親が教えても大丈夫でしょうか？

（さいまた市・H.O.）

Answer

答えられる場合は答えてもいいですが、わからない場合は無理せず塾の先生を頼りましょう

お子さんから「勉強を教えてほしい」と言ってきた場合、それに親御さんが対応するのは好ましいことでしょう。ただ、かなり難解な問題や、算数などは答えがわかっても数学で解答を求め、小学生に理解できる解き方が説明できない場合も多くあると思います。ですからまず、お子さんにどこがどのようにわからないかを聞き、解答・解法を見て説明できる場合には教え、それができないときは塾で先生に聞くようすすめましょう。その際「この問題を教えてください」というより「ここまでやったのですがここからわかりません」「この部分がよく理解できません」と、わかる範囲を明らかにしたうえで質問するといいでしょう。また、家庭で勉強する際に注意してほしいのは、教える側が熱心になりすぎて、叱ったり、感情的になったりしないことです。親子間は遠慮がないこともあり、どうしてもきつい言葉が多くなりがちです。「勉強を教える」というよりも、「いっしょに考えてみる」という姿勢で取り組んでみてください。

疑問がスッキリ!

2～5年生

Question

**電車通学が避けられないのですが
ラッシュ時の通学が心配です。**

親子とも私立中学進学を考えていますが、徒歩圏には適切な学校はなく、どうしても電車通学は避けられません。中1でラッシュ時の通学が現実的にできるかどうか非常に心配です。大丈夫でしょうか？

(相模原市・Y. K.)

Answer

**慣れるまでは家を早く出るなど、混雑の
ピークを避ける工夫をすれば安心です**

徒歩通学の小学生のころに比べると電車通学は時間がかかり、ましてやラッシュ時の混雑は想像以上の場合もありますから、心配だとは思います。しかし、各私立中学校のほとんどの生徒は通学になんらかの公共交通機関を利用していますし、数は少なくとも私立小学校に通っている児童もいますから問題ないでしょう。学校パンフレットなどに在籍生の居住地一覧や通学所要時間地図などを掲載している学校もあるので、自身の居住地域から通う生徒がいるかどうか確認してみるのもおすすめです。さて、朝のラッシュ時に電車を利用する場合、慣れるまでは少し早めに家を出るなどの工夫をすれば、混雑のピークを避けられます。満員電車では学校の最寄り駅で降車しにくいこともありますから、その場合は「すみません、降ります！」と恥ずかしがらずに声を出すようアドバイスしてあげてください。なお、4月は同乗している大人の方が「空けてください。中学生が降ります！」と降車に協力してくれることも多いようです。

桐《とう》蔭《いん》学《がく》園《えん》 中等教育学校

「見えない学力」から育てる 新しい進学校のカタチ

これまで男女別学校の「中学校」と、男子校の「中等教育学校」が併設されていた桐蔭学園ですが、2019年4月から共学の中等教育学校に一本化され、新しい進学校としてスタートしています。

「3つの学力」をバランスよく育てる

桐蔭学園では、「学力」を氷山にたとえ、「見える学力＝知識・技能」、「見えにくい学力＝思考力・判断力・表現力等」、「見えない学力＝学びに向かう力・人間性」という「3つの学力」に分類しています。

学園創立50周年を機に、次の50年を見据えて新たに策定した教育ビジョン「自ら考え判断し行動できる子どもたちの育成」では、この「3つの学力」をバランスよく育てることを目標としており、中でも「見える学力」以外の重要性に着目しています。これをふまえ、今年度から新しく生まれ変わった男女共学の中等教育学校では、次にご紹介する3つの学びを柱に据え、「3つの学力」をバランスよく育てることで、社会でいきいきと活躍できる人材の育成を目指しています。

全教科で実施する「AL型授業」

2015年に、アクティブラーニング（AL）研究の第一人者である溝上慎一京大教授（当時、現・桐蔭学園理事長）を教育顧問に招きALを取り入れる中で、「見えない学力」なども生徒の成長にとって欠かせないものだということが明確になり、全教員が一丸となって研修・検討を重ね、いまでは積極的にAL型授業を採り入れています。

中等教育学校校舎

桐蔭学園のAL型授業は「個→協働→個」という流れで行われています。自分でしっかり学ぶ部分と共有することによって学ぶ部分の両方を体験することが大切なのです。

「授業では、例えば冒頭は教師が黒板を使って講義をします。次に、教師がその講義にもとづいた発問をし、生徒はそれに対する自分の考えをノートに書きます。これが『個』の作業です。次に個々の意見を4～5人のグループやクラスで発表し、クラスメイトと共有していきます。これが『協働』で、共有した結果まとまった最終的な考えをふり返る『個』の作業で締めくくられます。この一連の流れが本校のAL型授業の標準的なスタイルとして確立しており、全教科共通の考えです。特に『協働』では、自分の意見を述べたり、仲間の意見を聴いたりする過程で、その日の授業の中で一番大事な部分に自分で気づいて欲しいのです。〝はっと〟気づいたことは一生忘れませんから」とお話し頂いたのは、玉田裕之副校長。

AL型授業・グループワーク

生徒全員が同じように「3つの学力」を伸ばすことができるように創意工夫されたAL型授業です。

自ら学び続ける力を身につける「探究」

次にご紹介するのは、新中等教育学校となって新たに導入された「未来への扉」という科目名の探究活動を行う授業です。この授業は1年次から5年（高2）次まで、週に1回のペースで行われています。情報の集め方やプレゼンテーション資料の作り方などの基本的なスキルを磨くところからスタートし、その後は「課題の設定」「情報収集」「整理・分析」「まとめ・発表」というサイクルを繰り返しながら、「自ら学び続ける力」を身につけていきます。

今後の流れとしては、3年次には、「15歳のグローバルチャレンジ」と称し、より良い世界を創るためにそれぞれが担当する国の立場で世界の諸問題と向き合い、その解決方法などを考え、年度末に全員が参加して行われる「模擬国連会議」へとつなげていきます。4年（高1）次は自分の興味・関心に近いゼミを選択して学び、5年次で発表会、そして論文を執筆という形が予定されています。また、科学技術を用いていまの社会問題を解決するための「16歳のサイエンスチャレンジ」というアイディアコンテストも計画されています。

模擬国連

生徒の一生を支える「キャリア教育」という取り組み

「30年後には、いま存在していない職業がたくさん生まれていると言われています。そういう時代に、従来型の『どの仕事を選びますか？』というキャリア教育では意味がないわけです。しかし、どんな世の中になっても、社会で必要とされることができる人には対価が支払われるわけですから、人としての汎用的な力をつけることがいまの時代のキャリア教育だと考えています」と玉田副校長は語ります。そのため、人の話に耳を傾ける「傾聴」や、発表者を拍手などできちんと評価する「承認」など、生徒の自己肯定感を高めるための取り組みを大切にしており、自分の未来を自らデザインできる力を身につけることに重点を置いたキャリア教育を行っています。

グローバルラウンジ

また、共学1期生から部活動を週3日までとし、バランスの取れた学校生活を送るための「アフタースクール」という放課後活動も取り入れています。「中学生のうちから『勉強と部活動だけ』ではなく、例えばグローバルラウンジでネイティブの先生とコミュニケーションをとったり、学校が設定した講座や自分たちで企画したプログラムに参加したり、小学生からの習いごとを続けたりと、色々なことに興味を持ち、実践することで自分の中に取り込んだものが、きっとその生徒の一生を支えていってくれるのではないかと考えています」と玉田副校長。

「自分たちが新しい学校を作るんだ」という気持ちで色々なことに積極的にチャレンジをする共学Ⅰ期生。「3つの学力」とその生徒たちの熱意がかみあえば、きっと想像以上に社会でいきいきと活躍できる人に成長していくことでしょう。

学校のプロフィール

桐蔭学園中等教育学校

【神奈川／横浜市／共学校】

所在地：神奈川県横浜市青葉区鉄町1614
TEL：045-971-1411
URL：https://toin.ac.jp/ses/
アクセス：東急田園都市線「青葉台駅」「あざみ野駅」「市が尾駅」・小田急線「柿生駅」「新百合ヶ丘駅」よりバス10分～20分

各種行事日程のお知らせ

●学校説明会（要Web予約）
11月 9日（土）14：30～16：00
11月12日（火）10：00～11：30

●入試体験会・入試説明会（要Web予約）
12月14日（土）9：30～11：30
※入試体験会は6年生対象

ジュクゴンザウルスに挑戦！

熟語パズル

問題は82ページ

答え

【答え】
熟語の特別な読み方は左のカッコ内通りで、表の答えは左に示した線のようになります。

時計(とけい)、海女(あま)、明日(あす)、素人(しろうと)、投網(とあみ)、時雨(しぐれ)

し	ろ	う	と
ぐ	す	あ	け
れ	み	ま	い

難しい熟語の意味

海女（あま）=NHKの連続テレビ小説『あまちゃん』で有名になった、素潜りで海の貝などを捕る女性のこと。明日=（あす、あしたとも読みます）。素人（しろうと）=そのことに経験が浅く、未熟な人、対義語は「玄人（くろうと）。投網（とあみ）=円錐形の袋状の網の裾《すそ》に重りをつけたもので、魚のいる水面に投げ広げ、かぶせて引き上げる漁法。また、その網。時雨（しぐれ）=ぱらぱらと通り雨のように降る雨。

【保護者のみなさまへ】

中学受験で出題される「特別な読み方をする言葉」は、文部科学省で定めた「常用漢字表」の付表に出ている言葉です。

「お父さん」「お母さん」も特別な読み方の代表例です。付表のうち、熟語の場合は「熟字訓」とも言われ、漢字の単字単位ではなく熟字単位で訓読みをあてたものです。

今回の「熟字訓パズル」は、お子さまには難しかったでしょうか。「お母さん、右下に『みまい（見舞）』も隠れているよ！」と見つけてくれたら大したもの。パズルへの興味が熟語への興味とコラボする瞬間です。ただ、「見舞」は熟字訓ではありません。

受験生に、ぜひ覚えてもらいたい熟字訓には、大人、河原、果物、清水、上手、七夕、友達、博士、下手、部屋、迷子、眼鏡などがあります。お父さん、お母さんは読めますよね。

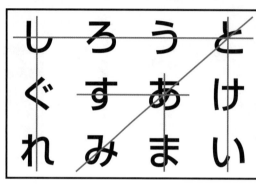

魅力に迫る

東《とう》洋《よう》大《だい》学《がく》京《けい》北《ほく》中学校

■ 東京都　文京区　共学校 ■

人生を「より良く生きる」ための哲学教育（生き方教育）

『サクセス12　9・10月号』に引き続き、東洋大学京北中学校の魅力に迫ります。今号では、多くの受験生が注目している同校の哲学教育（生き方教育）を中心にご紹介しましょう。

哲学ゼミでアイヌ民族の衣装を着る東洋大京北生

独自の哲学教育（生き方教育）を行う東洋大学京北中学校（以下、東洋大京北）。

「哲学教育（生き方教育）のテーマは『より良く生きる』です。人の役に立てる、世の中をよくしていける、自分の幸せだけではなく周りの人の幸せも考えられるというのが『より良く生きる』ということです。本校では1人ひとりが小さな哲学者として、このテーマを追究します」と石坂康倫校長先生は話されます。

考えることをトレーニングし人に伝える力も身につける

東洋大京北では、「哲学」と「国語で論理」という科目が全学年で設定されています。「哲学」では哲学的教養を学ぶとともに、全員が輪になって、意見を発表しあう時間が設けられています。「国語で論理」は、様々なテーマにおいて、分析、考察を行い、文章に表現する授業です。

「こうした経験を積み重ねることで、生徒たちは自分なりに考え人に伝える、そして人の意見もきちんと聞くことができるようになっていきます。たとえ海外の方が相手の場合でも物怖じすることなく会話ができていますし、文章もしっかりと根拠を取り上げて書けるようになってきているのを感じます」と石坂校長先生。

授業以外にも、自分なりの問いを立て根拠とともに考えを述べる「哲学エッセーコンテスト」や、中3の希望者が高校生といっしょに、毎年異なるテーマについて調査、研究を行う哲学ゼミ（合宿）などがあります。今年度の哲学ゼミ（合宿）はアイヌ民族をテーマに北海道でその文化に触れ、アイヌ民族が受けてきた差別問題についても考えました。

「様々なプログラムを通じて、考えることをトレーニングし、論理的な思考力や物事を判断し行動に移せる力、豊かな心や思いやりの心を育みます。そうした力や心を持つことで、自分の居場所でベストを尽くし、社会に役立つ人間へと成長していくことができます」（石坂校長先生）

哲学教育（生き方教育）は、高校でも継続され、倫理の授業や刑事裁判傍聴学習会、名著精読といったプログラムが用意されています。

こうした独自の教育で生徒の人生の土台を作る東洋大京北には、ほかにも、フィリピン・セブ島英語研修や東洋大との連携教育、幅広い知識を養う全科目履修型カリキュラム（高校）など、魅力的な取り組みが多数あります。その教育の成果は、すでに行事や学習に向かう生徒の積極的な姿勢、大学合格実績にも表れており、今後のさらなる飛躍が期待されます。

「本校では、1人ひとりが自身の力で個々の目標を達成していくことを大切にしています。たとえ目標の大きさが違ったとしても、その努力はどれも等しく価値あるものですから、丁寧にサポートします。これからも生徒が今後の人生を『より良く生きる』ための教育を行っていきます」と説明される石坂校長先生。

生徒1人ひとりが小さな哲学者として、様々なプログラムに取り組みながら多様な力を身につけられる学校が、東洋大学京北中学校です。

学校説明会

学校説明会 要予約
11月 3日 日祝 11:00～12:30
12月14日 土 14:00～15:30
1月11日 土 15:00～16:30

入試問題対策会 要予約
12月22日(日)
9:00～12:00/13:30～16:30
会場：東洋大学白山キャンパス

中学入試報告会 要予約
3月14日 土 15:00～16:30 ※小5（新小6）以下対象

SCHOOL DATA

所在地 東京都文京区白山2-36-5
アクセス 都営三田線「白山駅」徒歩6分、地下鉄南北線「本駒込駅」徒歩10分、地下鉄丸ノ内線「茗荷谷駅」徒歩14分、地下鉄千代田線「千駄木駅」徒歩19分
TEL 03-3816-6211
URL https://www.toyo.ac.jp/toyodaikeihoku/jh/

学ナビ!! vol.137
School Navigator

日《に》本《ほん》大《だい》学《がく》第《だい》三《さん》中学校

東京　町田市　共学校

勉強・行事・部活動に全力で取り組み 多彩な進路を実現

建学の精神である「明・正・強」を「明確に正義を貫く強い意志」ととらえ、教育の基本方針に据えている日本大学第三中学校（以下、日大三）。勉強、行事、部活動を3本の柱として、なにごとにも一生懸命取り組み、視野の広い豊かな人間性を育成しています。東京ドーム3個分の敷地には、約250席の自習スペースがある校舎や、2つのグラウンドなど、生徒を様々な角度からサポートする環境が用意されており、心身の健やかな成長を支えています。

心と身体を鍛える3つの柱

教育の1つ目の柱である勉強においては、基礎学力の定着を重視し、原則として高校内容の先取り学習を行わず、丁寧な指導を行っています。1クラスに対して2～3名の教員が指導にあたるチーム・ティーチングを数学と英語で実施、発展的な内容を扱う選抜クラス（希望制）の設置など、生徒の進度・深度に合わせてフォローする体制が整っています。さらに、英語教育においては表現力や発言力を高めることを重視し、来る4技能型テストへの対策としてGTECを導入、中3で全員が受験する態勢を整えました。また、90周年事業としてICT教育が本格スタートしました。生徒全員にiPadを貸与し、アクティブラーニング型の授業や行事、部活動でも積極的に利用しています。またICT教育には機器トラブルがつきものですが、日大三ではシステムエンジニアが常駐しており、問題が起きた場合ほとんど瞬時に対応されているのは特筆すべきことです。

柱の2つ目である行事はほぼ毎月実施されており、その運営に積極的に参加することで、他者と協力して物事を成し遂げる協調性と社会性を身につけます。入学してすぐの4月に行われる宿泊オリエンテーションや中3の勉強合宿など、多くの時間をクラスの仲間と過ごすことで、きずなを育むとともに、教室では学ぶことができない様々な経験を通して、たくましく成長していきます。また、行事のなかにはアメリカ・カナダへ約2週間滞在する国際プログラムを含み、ホームステイや寮での生活を通じてさらに視野を広げます。

3つ目の柱、部活動には、生徒のおよそ9割が参加しています。同じ目標に向かって切磋琢磨し、多くの課題に取り組むという経験は、精神力を鍛えることにつながります。先述した通り設備面も充実しており、生徒が最適な環境で部活動に打ち込めるように配慮されています。

充実した進路指導

日本大の特別付属校である日大三では、毎年ほとんどの生徒が日本大への推薦資格を得ています。そのなかから日本大へは約4割の生徒が進み、それ以外の生徒は進路希望に応じてより上位の他大学へと進学していきます。学問分野別・職業別ガイダンスや、過去3年間分の情報をまとめた進路資料の配付などをはじめとした丁寧な進路指導が、こうした多様な進路選択を支えています。職員室横に机や学習室があり、気軽に質問や相談ができるのも、教員と生徒の距離が近い日大三ならではの魅力です。日本大学第三中学校では、こうした恵まれた環境と独自の取り組みによって、個々の素養や人格を豊かに養っています。

School Data

所在地：東京都町田市図師町11-2375
生徒数：男子517名、女子323名
ＴＥＬ：042-789-5535
ＵＲＬ：https://www.nichidai3.ed.jp/j_index/
アクセス：JR横浜線・小田急線「町田駅」、JR横浜線「淵野辺駅」、京王相模原線・小田急多摩線・多摩都市モノレール「多摩センター駅」バス

学ナビ!! vol.138
School Navigator

明治学院《めいじがくいん》中学校
東京　東村山市　共学校

恵まれた教育環境のもと「道徳人・実力人・世界人」へ

礼拝や聖書の授業でキリスト教に触れる

医師でもあり宣教師でもあったJ・C・ヘボンによって創立された明治学院中学校（以下、明治学院）。教育理念には「キリスト教に基づく人格教育」、教育目標には「『道徳人・実力人・世界人』の育成」が掲げられています。

道徳人には、生まれてきたことには意味があり、1人ひとりに使命があるという思いが、そしてその使命を果たすために、学力や体力、人間力といった力を身につけ、その力を日本だけでなく、世界のだれかのために使ってほしいという思いが実力人、世界人に込められています。

明治学院の一日は礼拝から始まります。授業前に礼拝をするので、生徒は登校後、一度心を落ち着けてから勉強に臨むことができます。毎朝の礼拝以外にもイースター礼拝（4月）、クリスマス礼拝（12月）などがあります。

もちろん生徒全員が信者というわけではありませんが、教育理念にもあるように、キリスト教は明治学院にとって大切なものです。キリスト教と聖書についての正しい知識を身につける「聖書」の授業も週に1時間、全学年で実施されています。そこで学んだことを、これからの人生の指針にしてほしいと、明治学院では考えています。

とくに力を入れる英語教育と理数教育

明治学院では、とくに英語教育と理数教育に力が入れられています。

英語の授業では発表の機会を多く設け、実際に使いながら英語力を高めていきます。全員が原稿を書いてクラスで発表し、代表に選ばれた生徒が全校生徒の前でスピーチする「スピーチコンテスト」も実施されています。

高校で、厳格なクリスチャンの家庭にホームステイをする独自の国際交流プログラムが用意されているのも魅力です。

理科では、2つある中学専用の理科室を使った数多くの実験や地層を観察するなどの実習が行われています。数学は、中3で1クラス2展開の習熟度別少人数授業を実施し、丁寧に指導していきます。

こうした指導により学力をしっかりと身につけ、高2からは希望進路別に「受験コース」と「推薦進学コース」に分かれて学んでいきます。

明治学院大の系列校である明治学院には、1学年の半数以上の推薦枠が用意されており、一定の条件を満たすことで推薦進学することが可能です。その一方で他大学を志望する生徒へのサポートも手厚く行っています。

緑あふれる広々としたキャンパスには、2万㎡の広さがある人工芝のグラウンド、放課後は自習スペースとしても使われるカフェテリア、約6万5000冊を所蔵する図書館といった施設がそろっています。様々な生物が生息するビオトープは生徒手作りのものです。

生徒たちは広大なキャンパスを存分に活用し、部活動や行事にも打ち込みながら伸びのびとした学校生活を送っています。

キリスト教に基づく人格教育を柱に、生徒を「道徳人・実力人・世界人」へと成長させる明治学院中学校です。

School Data

所在地：東京都東村山市富士見町1-12-3
生徒数：男子196名、女子227名
ＴＥＬ：042-391-2142
ＵＲＬ：http://www.meijigakuin-higashi.ed.jp/
アクセス：西武国分寺線・拝島線「小川駅」徒歩8分、JR武蔵野線「新小平駅」自転車15分

学ナビ!! vol.139
School Navigator

本郷《ほんごう》中学校

東京　豊島区　男子校

完全中高一貫化で実現する6年間の充実した学び

次世代を担う たくましい男子を育成

JR山手線・都営三田線「巣鴨駅」から徒歩3分と交通至便な立地の本郷中学校（以下、本郷）。校訓に「強健・厳正・勤勉」、教育方針に「文武両道」「自学自習」「生活習慣の確立」を掲げ、勉強にもクラブ活動にも全力投球しながら、自分の選んだ道へと突き進んでいく「次世代を担うたくましい男子」を育ててきました。

そんな本郷は、来春の2020年度入試を最後に高校募集を停止し、2021年度からは完全中高一貫校として、変わりゆく大学入試に向けて、6年間でしっかりと力を伸ばせる環境をいままで以上に整えていきます。それに伴い、2020年度入試では、中学入試の定員が1クラス分（40名）増えます。

カリキュラムは、中2までに国語・数学・英語の3教科の中学課程を学び終え、中3から高1の内容を先取りします。そして、高校課程は高2で学び終えるため、高3の1年間は受験対策の演習にじっくり取り組むことができます。

また、本数検（数学検定）、本単検（英単語検定）というオリジナルの検定試験があるのも本郷ならではです。得点に応じて級や段が認定されるため、生徒たちはより上の級・段をめざして検定に臨むのだといいます。こうした「自学自習」の姿勢を養う取り組みを本郷では多数用意しています。

さらに、「生活習慣の確立」にも力を入れており、生活記録表を用いて、日々の生活を自己管理する能力を養うほか、毎朝始業前に朝読書の時間を設け、読書の習慣、落ち着いて授業を受ける準備をする習慣も身につけていきます。

大切にされる 他学年との交流

本郷では、AIが台頭してくる今後の社会では、コミュニケーション力というものがいままで以上に重要になってくると考えています。コミュニケーション力を高めるためにはできる限り多くの人と接し、他者意識（他者を感じる力）を育成することが重要で、そのために例えば、数学で年に数回、中1と中2がペアになっていっしょに数学の問題を解く「合同授業」を行うなど、意識的に他学年との交流の場を設けています。この時間はただ問題について教わるだけではなく、学校生活や他教科の勉強についても相談できるので、中1にとっては先輩からアドバイスをもらえるいい機会となっています。

さらに、体育祭の縦割りの団はクラスごとに3色に分かれていましたが、来年から中学のクラスが7クラスになるということもあり、クラス内で3色に分かれ、それを6年間引き継ぐ形へと変更します。6年間同じ団を引き継ぐことで、クラブ以外でも先輩と後輩のつながりができ、この仲間で来年また頑張ろうと、次年度への思いも強まります。

そのほかにも、先輩がおすすめの本を紹介する「朝読書リレー」を実施したり、英検2次面接の練習を校内で行う際、面接官を上級生が務めたりと、様々な場面で縦のつながりを意識した取り組みを行う本郷中学校。完全中高一貫校となり、より魅力的な学校へと進化を遂げることでしょう。

School Data

所在地：東京都豊島区駒込4-11-1
生徒数：男子のみ769名
ＴＥＬ：03-3917-1456
ＵＲＬ：https://www.hongo.ed.jp/
アクセス：JR山手線・都営三田線「巣鴨駅」徒歩3分、JR山手線・地下鉄南北線「駒込駅」徒歩7分

学ナビ!! vol.140
School Navigator

川村《かわむら》中学校

東京　豊島区　女子校

21世紀に輝く女性をめざして

知・徳・体の調和がとれた社会で活躍できる女性へ

1924年創立の歴史と伝統を持つ川村中学校（以下、川村）。「感謝の心」「女性の自覚」「社会への奉仕」を建学の精神として掲げ、生徒1人ひとりを大切に見守り、サポートし続けています。

教育目標は「豊かな感性と品格」「自覚と責任」「優しさと思いやり」です。知・徳・体の調和がとれた学びを実践し、豊かな感性と品格を兼ね備えた女性の育成をめざします。

川村教育を象徴する5つのポイント

川村で行われている様々な教育内容を、5つのポイントからご紹介します。

1つ目は、「考える力」「確かな学力」を育成するカリキュラムです。川村では、2学期制を活かし、授業時間を多く確保。しかも数学・英語は全学年習熟度別授業です。さらに、授業時間以外にも手厚い学習指導が受けられます。数学・英語では、放課後のテーマ別補習を実施。単元ごとに数多くの講座が用意され、学年に関係なく受けたい講座を受講できる点が魅力です。また、英検対策講座・直前講座を開講し、全員が英検を受験。中学卒業時までに英検準2級取得をめざします。夏には英国語学研修なども実施し、生きた英語に触れる経験を大切にしています。

2つ目は、主体性を育む探究型学習です。「総合的な学習の時間」を通じて、「感謝の心」を基盤とした豊かな人間性を育てます。自分自身の「生きる力」を養うために、各学年でテーマを設定し、段階的に学習を進めていきます。

1年生では、長野県の蓼科《たてしな》山荘を拠点に、自然とふれあう体験を通して自然環境の重要さを学びます。2年生では、国際理解・国際交流をテーマに、イギリスの文化やマナーを知ることで異文化への興味や関心を育みます。3年生では、総まとめとして修学旅行で山陽地方の世界遺産を訪れます。また、早い段階からキャリアガイダンスを行い、将来を考える時間をもうけています。

3つ目は、語学研修プログラムです。文法力、読解力を身につけたうえで、自分の考えを積極的に英語で表現することを目標とし、その力を活かしてグローバル社会で活躍できる人材を育成します。2年生全員で、国内施設「ブリティッシュヒルズ」で宿泊体験をし、実践的な英語や異文化に触れる機会を作ります。また、前述の英国語学研修もあります。

4つ目は、豊かな心と健康な身体を育成する教育です。多彩な行事を通して情操・健康教育に取り組み、校外でのマナー教室のほかに、日々の給食の時間でもマナー指導を実施しています。

そして5つ目は、安全・安心の教育環境が用意されていること。JR山手線目白駅から徒歩1分という緑豊かで閑静な文教地区に位置し、耐震性を備えた校舎には地下温水プール、人工芝のグラウンド、ダンススタジオ等を完備。年数回、危機管理に関する講話や避難訓練も実施しています。

多くの取り組みを通して生徒の個性を大切に育てる川村中学校。複雑な現代社会に対応できる能力を携えた、21世紀に輝く女性の育成がめざされています。

School Data

所在地：東京都豊島区目白2-22-3
生徒数：女子のみ183名
ＴＥＬ：03-3984-8321
ＵＲＬ：https://www.kawamura.ac.jp/cyu-kou/
アクセス：JR山手線「目白駅」徒歩1分、地下鉄副都心線「雑司が谷駅」徒歩7分

私立中学の入試問題にチャレンジ Challenge!

西武台千葉中学校《せいぶだいちば》

●千葉県野田市尾崎2241-2　●東武野田線「川間駅」徒歩20分またはスクールバス　●TEL：04-7127-1111　●https://www.seibudai-chiba.jp/

問題

　さいころの目には決まりがあります。1の面と向かい合っている面の数は6です。2の面と向かい合っている面の数は5です。3の面と向かい合っている面の数は4です。つまり向かい合っている面の数の和は7になります。このとき、次の問いに答えなさい。

①　4個のさいころがあります。それを下の図のように並べたとき、色のついた8つの面の合計は、最大でいくつになるか求めなさい。

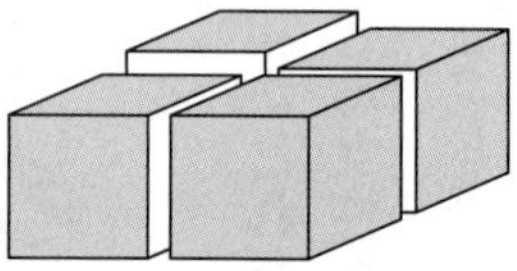

②　さいころを滑らさずに、転がしていきます。このとき、さいころの目はハンコと同じ仕組みで、底面になった数が図のように印字されていきます。

　下の図のように矢印の順番でマス目にそって計8回、転がします。このとき、マス目に印字された数の合計を求めなさい。

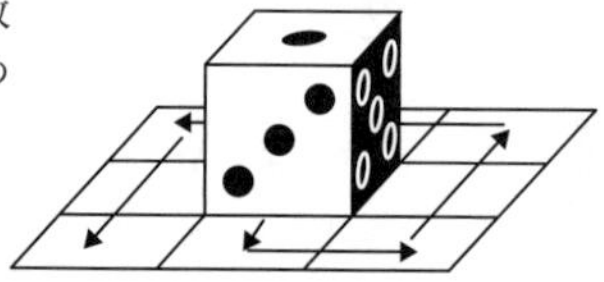

解答　①43　②32

学校説明会

11月 4日(月)　10:00～11:30
11月23日(土・祝)　10:00～11:30
12月14日(土)　14:00～15:30

世田谷学園中学校《せたがやがくえん》

●東京都世田谷区三宿1-16-31　●東急田園都市線・世田谷線「三軒茶屋駅」徒歩10分、京王井の頭線「池ノ上駅」徒歩20分、小田急線・京王井の頭線「下北沢駅」徒歩25分　●TEL：03-3411-8661　●http://www.setagayagakuen.ac.jp/

問題

　琵琶湖《びわこ》の北西に位置する高島市針江《はりえ》地域には，比良山系からの地下水を利用した，独自の水文化があります。地域の民家には，豊かなわき水を生活用水に利用するための「川端（かばた）」と呼ばれる洗い場が作られています。「川端」は右の図のように，飲み水などに利用する「元池（もといけ）」と次に流れ込《こ》む「壺池（つぼいけ）」，「端池（はたいけ）」に分かれています。最後の「端池」では，コイなどの魚を飼っており，水は屋外の水路に流れ出ます。水路は各民家の「川端」とつながっているため，針江の人は水を汚《よご》さない意識が高く，「川端」の水を「生水（しょうず）」と呼んで，汚さない努力・工夫《くふう》をしています。そして，それぞれの「川端」から流れ出た水は，針江大川を通り最後は琵琶湖に注ぎます。

　針江大川を流れる水は透明度《とうめいど》が高く，清流で育つバイカモやセキショウモなどの植物が春から秋にかけて白い花を咲《さ》かせます。琵琶湖からは，ニゴイ・アユ・ハヤ・ビワマスなどが上がってきて，つながっている「川端」に姿を見せることもあります。水の一部は水田にも利用され，琵琶湖の魚とのつながりを保つために，魚道を作っている水田も見られます。また，琵琶湖湖岸の河口周辺にはヨシ原が広がっており，さまざまな生物を見ることができます。

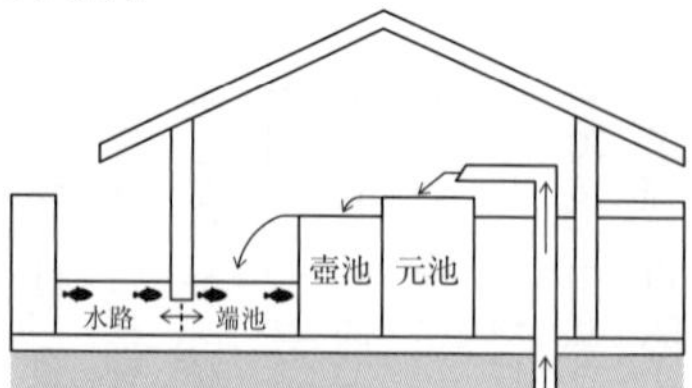

問　「川端」には，水を汚さずに利用するための工夫がありますが，食べたあとの食器や鍋《なべ》を洗ったり，つけておくのはどの池で行うと考えられますか。次の（ア）～（ウ）から選び，記号で答えなさい。また，その理由を本文や図，写真を参考にして答えなさい。（都合により写真は掲載しておりません）

（ア）元池　（イ）壺池　（ウ）端池

解答　記号：（ウ）　理由：飼っている魚が食べ残しを食べてくれるから。

6年生対象入試説明会〈要予約〉

11月 6日(水)
11月 9日(土)
11月30日(土)
12月 7日(土)
すべて10:30～

入試直前説明会〈要予約〉

12月14日(土) 10:30～

5年生以下対象入試説明会〈要予約〉

11月16日(土)
11月25日(月)
両日とも10:30～

田園調布学園 中等部・高等部

100年の人生を自分らしく輝くために

建学の精神「捨我精進」のもと、協同探求型授業、土曜プログラム、行事、
クラブ活動など体験を重視した教育活動を展開しています。生徒が学内での活動にとどまらず、
外の世界へも積極的に踏み出していくよう後押しします。

2019年度 学校説明会
於 本校講堂

- 11月 1日(金) 10:00～
- 11月 9日(土) 13:00～
- 12月 7日(土) 10:00～
- 12月13日(金) 19:30～
- 2020 1月 9日(木) 19:30～

帰国子女対象学校説明会
11月 9日(土)
15:00～

土曜プログラム見学会
11月16日(土)
時間／①8:50～9:50 ②10:15～11:15

2020年度入試日程
2月1日(土) 午後
算数1教科入試 新設

	第1回	午後入試	第2回	第3回	海外帰国子女
試験日	2月1日(土)午前	2月1日(土)午後	2月2日(日)午前	2月4日(火)午前	12月21日(土)午前
募集定員	80名	20名	70名	30名	若干名
試験科目	4科(国・算・社・理)	算数	4科(国・算・社・理)	4科(国・算・社・理)	2科(国・算または英・算)面接

詳細はHPまたはお電話でお問い合わせください

〒158-8512 東京都世田谷区東玉川2-21-8
TEL.03-3727-6121 FAX.03-3727-2984

http://www.chofu.ed.jp/

新しい取り組みは学園ブログにて更新していきます。ぜひご覧ください。

http://www.chofu.ed.jp/

横浜翠陵中学校

Yokohama Suiryo Junior High School　［共学校］

翠陵のグローバル教育

2016年度より中高一貫のグローバルチャレンジクラスが始動。
自らの人生を自らの手で切り拓いていく生徒を育成します。

世界で活躍するグローバルリーダーを育てます

校訓「考えることのできる人」のもと、スクールモットー「Think & Challenge!」を掲げ、高い意志を持ち、自らの人生を自らの手で切り拓いていくチャレンジ精神旺盛な生徒の教育を目指す横浜翠陵中学校。2011年の共学化を契機に教育内容、教育環境をより充実させ、進学面でも飛躍的な伸びを示しています。

開校以来、多彩な国際理解教育を実践し、学校にいながら様々な国の人々と交流できる機会がたくさん設けられています。豊富な国際交流プログラムを通して他者を知り、多様な価値観を知り、自分自身を見つめることができます。この「国際理解教育」と「人間力の育成」を柱に、新時代に合わせた様々な改革に積極的に取り組む横浜翠陵のグローバルリーダー育成の教育は、さらに進化しています。

充実した英語教育も特色の一つです。週5時間の英語の授業のうち、2時間でネイティブ教員と日本人教員によるアクティブイングリッシュを実施。「聞く」「話す」を中心に、学習した英語の力を実際に活用する機会になっています。中1・中2で行う「サマーイングリッシュキャンプ」では、総勢10名以上のネイティブ講師とともに、英会話合宿を行います。英語漬けの日々を過ごすことで、英語の「話す」「聞く」のスキルをさらに磨くことができます。そして中学3年間で修得した英語力の実践の場として、中3では夏休みに約2週間、全員がニュージーランドで海外研修を行います。一人一家族でのホームステイや現地の小学生との交流は貴重な経験となっています。

共学化以降は理系教育にも力を入れています。実験・実習などの体験型プログラムで「科学的な思考力・表現力」を養います。中学生対象のサイエンスラボは、専門家の指導による本格的な実験で、食物のDNAの抽出やロボットのプログラミングなどにも挑戦しています。

また、生徒への学習フォローも手厚く行っています。勉強習慣づくり教室や成績個人面談、成績カルテの配付に、日々の学習を記録するチャレンジノートなど、担任はもちろん、学年全体、学校全体で一人ひとりを支援する体制が整っています。

横浜翠陵の教育は時代の流れに合わせて、今も確実に進化を続けています。

2020年度（令和2年度）入試要項　※全日程、インターネット出願になります。

	第1回	第2回	第3回	第4回	第5回
試験日時	2月1日（土）集合8：45	2月1日（土）集合14：45	2月2日（日）集合8：45	2月3日（月）集合8：45	2月5日（水）集合8：45
入試区分	一般／英語型／適性検査型／帰国生	一般	一般／英語型／帰国生	一般	一般
募集定員	男女30名	男女30名	男女10名	男女10名	男女10名

説明会日程

■学校説明会	（保護者のみ・要予約）	11月 8日（金）10：00～	12月12日（木）10：00～
■模擬入試	（要予約）	11月23日（土・祝）9：30～	1月13日（月・祝）9：30～
■入試問題解説会	（要予約）	12月 8日（日）　9：30～	
■文化祭	（翠陵祭）	11月 2日（土）11：00～15：00	11月 3日（日・祝）　9：00～15：00

School Data　所在地：神奈川県横浜市緑区三保町1　TEL：045-921-0301　URL：http://www.suiryo.ed.jp/

誰もが抱える悩みをパパッと解決！

福田貴一先生の福が来るアドバイス

早稲田アカデミー
教育事業本部副本部長
福田　貴一

小学生にとっての学習は、テキストとノートを広げて行うものだけではありません。毎日の生活を通して豊かな感性を育むことも、重要な〝学び〟です。特に、四季に寄り添って暮らしてきた私たち日本人にとって、「季節に対する感覚」は大切なものです。中学受験に向けた学習という観点でも、慣用的な表現を理解するためのポイントになるはずです。今回は「日本人の季節感」について考えます。

日本人の季節感を考える

「天高く馬肥ゆる秋」

4年生の国語の授業で、「天高く馬肥ゆる秋」という表現を学習しました。空気が澄んでいて暑くも寒くもない、秋の気候の素晴らしさを表す言い回しです。聞いたことがある生徒もいたようですが、ちゃんとした意味までは理解できていないようでした。

「馬肥ゆる秋」については、秋が収穫の季節であり、「食欲の秋」というように食べ物が美味しく感じられる季節だ、ということをすぐに理解してくれました。一方で「天高く」という部分の説明は、なかなか難しく感じました。「秋の空は高いといわれるのは知っている？」と質問してみたのですが、残念ながら、ちょっと不思議そうな顔をされてしまいました。

「空はいつでも高いじゃん……」

「夏とあんまり変わらないよ！」

などという答えが返ってきたのですが、「そんなことないよ、晴れた日にちゃんと空を見上げてごらん」という話をしました。

ここからは理科に関する話になりますが、秋の空が高く感じられるのにはいくつか理由があるそうです。一つは、空気中の水蒸気が少なくなる（空気が澄んでいる）ため、空の青さ（宇宙の色）が濃く見えるから。もう一つは、夏と比べると上昇気流が弱くなるため、入道雲のように地面から近い雲ではなく、空の高いところの雲が多くなるから、とのことでした。これらは理科の単元でいうと地学分野にあたる内容で、早稲田アカデミーのカリキュラムでは、5年生で詳しく学習します。

「柿くへば鐘が鳴るなり法隆寺」

「空が高い」のような国語的表現のなかには、自分が実際に感じたことがないと理解しづらいものが多くあります。その表現を目にしたときに、「言われてみれば確かにそうだな」と思えることが必要なわけです。そのためには、日ごろから感性を磨くことが大切になってきます。

「空が高い」という話から、続けて「柿くへば鐘が鳴るなり法隆寺」という正岡子規の俳句にも触れました。この句もほとんどの生徒が知っていましたが、どういう意味を持っているのか、なぜ有名なのかを理解できている生徒はいませんでした。赤い柿の実と青く澄んだ空の対比、鐘の音の響きと余韻、そこから感じられる秋の空気感……。さわやかな秋の一日をイメージさせながら、この句も秋の澄んだ空気を感じさせる句であるという話をしました。

日本人の季節感

日本人にとって「四季」が大きな存在となっているのはご存知の通りです。俳句の季語だけではなく、手紙文の「時候の挨拶」などにも季節を表す言葉が使われますし、毎日の挨拶でも気温や天候に関する言葉を交わします。「今日も暑いですね」「涼しくなりましたね」「雪が降りそうですね」などといった挨拶は、四季がある日本ならではのものだ、とある本で読んだことがあります。確かに一年中暑い国では、「毎日暑いですね」という挨拶は交わさないでしょう。

日本人の季節感には、「春夏秋冬」という四季だけではなく、それをさらに細かく分けた「早春」「初夏」「晩秋」といった表現もあります。そして、例えば「晩夏」という言葉が夏の終わりごろの「寂しさ」を感じさせるように、言葉自体が固有のイメージを持っています。

「夏の夕方にザっと降る雨のことを何というでしょう？」……この質問に対する答えは、一般的には「夕立」になるはずです。しかし、今の小学生の何割かは「ゲリラ豪雨」と答えてしまうのではないでしょうか。また、夏の風物詩の一つである「浴衣」も、夏真っ盛りの「盆踊り」や「花火大会」のときに着るのは暑すぎるので、8月の終わりから9月にかけての「秋祭り」などで着られることが多くなった、という話も聞きます。地球温暖化の影響が大きいのでしょうか、「夏が長くなった」と感じている日本人が多く、その一方で「春」「秋」が短くなってしまったという印象もあるようです。「春」も「秋」も日本人の季節感のなかではとても大切な季節なのですが、それが短くなってしまっているということに関しては、若干の寂しさも感じます。

季節を通して豊かな感性を

アメリカにも四季はあるのですが、アメリカ人はどちらかというと「季節感」ではなく、行事やイベントで一年間のイメージをつくるのだと聞いたことがあります。有名なものを挙げれば、3月（年によっては4月）の「イースター（復活祭）」、7月の「独立記念日」、10月の「ハロウィン」、11月の「サンクスギビング・デー（感謝祭）」、そして12月の「クリスマス」などなど……。クリスマスに代表されるように、日本にもそんなアメリカ（欧米）の行事が伝わってきていますし、日本人の季節感の中に取り込まれているイベントもあります。それらを否定するつもりはないのですが、昔ながらの日本の季節感や、それに伴う文化が薄れてしまうのであれば、やはり少し残念に思います。

中学入試でも、国語や理科・社会の問題で、「季節感」を理解しておくことが必要な問題が出題されることがあります。ひと昔前と比べて少しずつ変わってきている日本の気候、そしてハロウィンやクリスマスが盛り上がるグローバル化の進んだ環境下で、日本固有の季節感が薄くなってしまっているお子様もいらっしゃるかもしれません。

単に入試問題で正解する、というためだけではなく、日本という国で育まれてきた季節のイメージ、そこから生まれてきた文化なども大切に、豊かな感性を育んでいってもらいたいと考えています。

日に日に風が冷たくなる季節。ちょっとお腹が空いたとき、食べたくなるのが中華まんです。肉まん、あんまん、ピザまん……今ではさまざまな種類があり、冬に欠かせない食べ物の一つになっています。

今回は昭和２（1927）年から中華まんを販売している株式会社 中村屋の髙橋由未子さんに、中華まんについて詳しく教えていただきました。

ふんわりほかほか温まる！
中華まん大百科

教えていただいたのは…

株式会社 中村屋
広報・CSR部
髙橋《たかはし》 由未子《ゆみこ》さん

つくったのは諸葛孔明《しょかつこうめい》!? 中華まんの始まり

中華まんの起源には諸説あります。なかでもよく知られているのが、中国の三国《さんごく》時代（２２０年ごろ）、諸葛孔明がその原型をつくったというエピソードです。諸葛孔明が戦いの帰りに川にさしかかったところ、風雨のために氾濫していて渡ることができません。当時、川をしずめるためには人の頭を切り落として水神に捧《ささ》げる、という恐ろしい風習がありました。しかし諸葛孔明は「人の命を犠牲《ぎせい》にすることはできない」と考え、小麦粉と水で練った皮に羊や牛の肉を詰めて、それを人間の頭に見立てて川に投げ込んだところ、氾濫がおさまった、という伝説があります。これが、中華まんの原型となった中国料理「包子《パオズ》」の起源だといわれています。

中村屋「天下一品《てんかいっぴん》 支那饅頭《しなまんじゅう》」の誕生

大正14（１９２５）年、中村屋の創業者である相馬愛蔵《そうまあいぞう》・黒光《こっこう》夫妻は中国旅行に行き、そこで包子に出合います。このとき食べた包子は、油っぽくてあまり口にあうものではありませんでした。しかし２人は、「これを日本人好みのあっさりした味付けにすれば、お客様にもきっと喜ばれる」と考え、日本に帰ってから改良に取り組みます。そして昭和２（１９２７）年に「天下一品 支那饅頭」と名付けて発売しました。それまでの日本でも、中華街などの高級な中華料理屋では中華まんが提供されていましたが、中村屋が持ち帰り用のものや店頭で蒸したものを販売したことで、人々にとって身近なものとなり、親しまれるようになりました。

バラエティ豊かな中華まんの種類

中村屋が最初に発売した中華まんは、肉まん・あんまんの2種類。その後、流行に応じて多くの会社からさまざまな種類の中華まんが発売されるようになりました。肉まん・あんまん以外では、カレーまんやピザまんが"バラエティまん"の定番として人気です。

上：インドカレーまん　下：ピザまん

＼ 髙橋さんに聞く！ ／

中華まんについて教えてください！

Q 直営店、スーパー、コンビニなど、売っている場所で味の違いはあるの？

A 同じ肉まんでも、味や大きさに違いがあります。それぞれのおいしさを味わってください！

直営店

本格的な味わいを求めて来店されるお客様が多いため、販売している「天成肉饅《てんせいにくまん》」にはこだわり抜いた素材を使っています。贈り物としても喜ばれています。

スーパー

お子様も年配の方も家族皆さんでおいしく食べられるよう、親しみやすい味に仕上げています。中の具も口当たりの良い食感です。

コンビニ

専門店の品質をお手頃な価格で気軽に味わっていただけるよう、豚肉のうまみやゴロッとした食感を感じられる具に仕上げています。

Q 髙橋さんおすすめの中華まんはどれ？

A 直営店で販売されている「天成肉饅」「天成餡饅《てんせいあんまん》」です！山形県最上川ファームで飼育されたSPF豚、北海道十勝産の小豆など、こだわり素材のうまみと食感が楽しめる“中村屋最高峰”の中華まんです。

Q 中村屋のあんまんは、香ばしいいい香りがします。そのひみつは？

A 中村屋のあんまんには、風味豊かな黒ゴマペーストが練り込まれています。これが、独特の香りとトロッとした舌触りを生んでいるのです。

Q 家で温めるときのコツはありますか？

A スーパーで販売されている商品は、電子レンジ・蒸し器のどちらでもおいしく温められるようにつくられています。ただ、電子レンジは加熱しすぎると固くなることがありますので注意してください。蒸し器を使うとふっくらやわらかく、中もジューシーに仕上がりますよ！

取材協力

新宿 中村屋

株式会社 中村屋

https://www.nakamuraya.co.jp/

明治34（1901）年にパン屋として創業した株式会社 中村屋は、日本で初めてクリームパンを発売した会社です。また、昭和2（1927）年にオープンしたレストランでは、純印度式カリー（本場インドのカレー）、ロシアのボルシチやピロシキといった外国の料理を提供し、話題になりました。新宿中村屋ビルでは今でも純印度式カリーを味わうことができます。また、中華まんや月餅、レトルトカレーなどの商品も人気を集めています。

本社（新宿中村屋ビル）

〒160-0022 東京都新宿区新宿3-26-13

おいしさを五感で楽しむ！

中華まんミュージアム

中華まんミュージアムは、中村屋の武蔵工場に併設された工場見学施設です。まず「シアター」で中華まんについて映像で学んでから、具を生地で包む工程、発酵させて蒸す工程など、工場で中華まんがつくられる様子を見学。また、「おいしさゾーン」では体感型のオリジナルゲームにも挑戦できます。最後は、蒸したての肉まんを試食！ ほかほかの味は格別です。

〒358-0033 埼玉県入間市狭山台234（武蔵工場内）
○入場料：無料
○休館日：水・木曜、年末年始、夏期工場休業期間
○完全予約制／ご予約はWebサイトから
https://www.nakamuraya.co.jp/factory/

ニューヨーク（ハリソン地区）とロンドン（アクトン地区）に、早稲田アカデミーの海外校がオープンしました。早稲田アカデミーのカリキュラム・オリジナル教材を使った授業が受講できるようになり、日本国内との連携がより一層強化されました。新規開校したニューヨーク校、ロンドン校にご期待ください！

LONDON ロンドン

ロンドン校について

■2019 年 9 月 1 日開校
■対象学年：小学校 1 年生～ 6 年生
　　　　　　中学校 1 年生～ 3 年生
■営業曜日：月・火・水・木・金・土（日祝休み）
■営業時間：平日　13:00 ～ 21:30
　　　　　　土曜　 9:30 ～ 16:00
■住所：Unit 4 Acton Hill Mews 310-328
　　　　Uxbridge Road Acton, London W3 9QN
■TEL：＋44-(0)20-8993-7624

ロンドン校の強みやコース内容などの詳細はホームページをご覧ください

LND校 HP

校舎ご紹介

日本人学校があり古くから日本人が多く居住するアクトン地区にあります。独立校舎のためセキュリティは万全です。2019 年夏に校舎を改装して、とてもきれいな校舎になりました。

校舎外観

教室（2019年夏改装）

校長 ご挨拶

校長　伊勢《いせ》　紀洋《のりひろ》

国内でもトップクラスの合格実績を誇る「早稲田アカデミー」がついにロンドンに開校します。経験豊かなスタッフと綺麗な校舎が皆様をお待ちしております。私たちは生徒一人ひとりに親身に対応し、どのような状況の生徒にも寄り添い支えます。誰もが一度は経験しなければならない「受験」を振り返ったとき、自分自身が成長できた！と思える時間になるように一緒に頑張りましょう。

略歴

ロンドンで指導歴 20 年。「明るく、楽しく、わかりやすく」を基本に、帰国子女入試のあらゆる受験のご希望に対応。御三家、早慶、渋谷幕張をはじめとする、難関中学・高校に合格者を多数輩出。自分の言葉で考え自分の言葉で表現できるような指導に努める。早稲田アカデミー ロンドン校校長就任。

【豊富な入試データに基づく指導】
早稲田アカデミーが長年蓄積してきた一般入試および帰国生入試のデータをもとに進路指導を行います。

海外および国内に広がるネットワーク

【帰国後の早稲アカ通塾も安心】
首都圏にご帰国の場合は、首都圏約 150 校舎への接続をスムーズに行います。帰国後も万全のサポート体制があります。

【海外の他の都市への異動にも対応】
海外での異動の際には、海外11か国24都市にある早稲田アカデミー海外校及び海外提携塾をご紹介いたします。

【首都圏外にご帰国の場合も安心】
首都圏外にお戻りの際にも、早稲田アカデミーとつながりのある国内各地の進学塾をご紹介いたします。

ご存じですか？　海外提携塾の紹介特典

早稲田アカデミーでは、海外の提携塾にお通いの生徒が帰国後に早稲田アカデミーに入塾される場合の入塾金が無料になるなどの特典をご用意しています。
詳しくはホームページからお問い合わせください。

お問い合わせ

早稲田アカデミー海外校
新規開校のお知らせ

NEWYORK ニューヨーク

ニューヨーク校について

■2019年9月1日開校
■対象学年：小学校1年生～6年生
　　　　　中学校1年生～3年生
■営業曜日：火・水・木・金・土（月日祝休み）
■営業時間：平日　13:30～22:00
　　　　　土曜　　9:00～20:00
■住所：1600 Harrison Ave. Suite 103
　　　Mamaroneck, NY 10543
■TEL：＋1-914-698-1100

ニューヨーク校の強みやコース内容などの詳細は、ホームページをご覧ください

NY校HP

校舎ご紹介

日本人が多く居住するハリソン地区にあり、学習に最適な静かで落ち着いた環境です。2019年夏に校舎の設備を一新し、日本と変わらない教室環境を整えました。

校舎外観

教室（2019年夏改装）

校長 ご挨拶

校長　田畑《たばた》　康《やすし》

新生「早稲田アカデミーニューヨーク校」は、生徒・保護者様と一緒に「合格」の先にある未来を創造すべく、最新の受験情報とトップレベルの指導をご提供いたします。「本気でやる子を育てる」という早稲田アカデミーの教育理念を、このニューヨークの地でも実践してまいります。

略歴

早稲田アカデミーにて約10年間小6・中3最上位クラスの国語・社会・英語を担当。御三家中・早慶附属中や開成高・国立附属高・早慶附属高の合格者を多数輩出。ロンドン・ニューヨークの日系進学塾での指導を経て、2015年に早稲田アカデミー国際部帰国生指導責任者として復帰。2018年に Veritas Academy ニューヨークに着任。2019年9月早稲田アカデミーニューヨーク校 校長に就任。本人も帰国子女（オーストラリア・マレーシアに合計7年半滞在）

世界に広がる早稲田アカデミーのネットワーク。11か国24都市の学習塾と提携しています。

シンガポール、ホーチミン、台北、ニューヨーク、ロンドンにある海外校を含む、11か国24都市の学習塾と提携し、早稲田アカデミーとのつながりを活かしたさまざまなサービスを提供しています。帰国枠の制度を活用した志望校選びだけでなく、一般入試で受験できる十分な得点力を身に付けることができる指導を行っています。

海外校・海外提携塾の詳細はホームページをご覧ください。

海外校一覧

海外校ならではのカリキュラム・授業

【早稲田アカデミーに準拠したプログラム】
志望校合格へのメソッドがつまった早稲田アカデミーのカリキュラム・オリジナル教材を使用した授業が受講できます。

【国内の生徒と競争できる環境】
毎月の必修テストや志望校別のオリジナル模試を通じて、海外にいながら、国内で受験に向けて頑張る仲間と切磋琢磨することができます。

サクセス動物園

#6

リス

体の大きさも食べ物もすむところも、みんな違うからおもしろい！生き物のさまざまな魅力を専門家の方に教えていただく「サクセス動物園」。今回は、クリッとした目と長いしっぽ、かわいらしいしぐさが人気の「リス」のうち、「タイワンリス」「シマリス」について、町田リス園の樋口健治さんに教えていただきました。

リス YES! NO! クイズ
記事のなかに答えがあります！

Q1 地面に穴を掘るのが得意な種類もいる。YES! NO!

Q2 リスの前歯は一生伸び続ける。YES! NO!

Q3 どの種類も、冬になると冬眠する。YES! NO!

町田リス園のリス達

町田リス園では、さまざまなリスの仲間を観察することができます。外周約200メートルの広い「リス放し飼い広場」では、約200匹のタイワンリスが地面や木の上を自由に駆け回っていて、来園者がひまわりの種をあげることができます。その他にも、シマリス、アカリス、ニホンリス、プレーリードッグなどのリス科の動物が飼育されています。

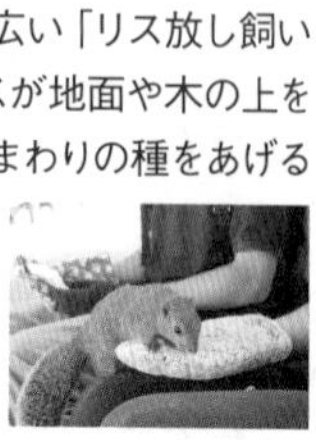

リスDATA

分布…オーストラリアと南極大陸・北極をのぞく世界各地

【タイワンリス】※体長はしっぽを含む

体長…約35～40センチメートル／体重…約300～460グラム

【シマリス】※体長はしっぽを含む

体長…約20～25センチメートル／体重…約70～110グラム

リスは、ネズミと同じ齧歯目《げっしもく》という種類に分類されます。齧歯目は世界各地に広く分布し、種類がとても多いのが特徴。リス科の動物も、世界で260種以上が確認されています。リスというと木の上で生活しているイメージがありますが、地上で生活し、地面に穴を掘って巣をつくる種類もいます。

リス大図鑑

知っているようで、意外と知らない!?
リスの体のひみつや生態について、
樋口さんにくわしく教えていただきました。

町田リス園
園長
樋口《ひぐち》 健治《けんじ》さん

タイワンリス

元々は台湾やアジア南部に分布している種類でしたが、日本に持ち込まれたものが野生化し、今では日本の温かい地域の常緑樹林に生息しています。温暖な気候の地域にすんでいる種類のため、冬になっても冬眠はしません。

体毛・しっぽ

シマリスやニホンリスと比べると、ひと回り大きな体つきです。体は、茶色と黒色の短い毛で覆われていて、お腹の部分は灰褐色です。また、胴体と同じぐらい長く、ふさふさとしたしっぽも特徴的です。

木の上や細いところが得意!

タイワンリスは木の上で生活するリス。野生では、小枝などを集めて木の上に巣をつくります。木の枝や細いロープの上を身軽に移動します。

前足・歯

ドングリなどを食べるときは、小さな前足で器用に持ち、丈夫な前歯で固い殻をむきます。前歯は人間のツメのように一生伸び続けますが、固いものをかじることで削られ、一定の長さを保っています。

エサ

クルミ・ドングリなどの木の実のほか、大麦・トウモロコシなどの穀類、リンゴ・オレンジなどのさまざまな果物をエサとしています。

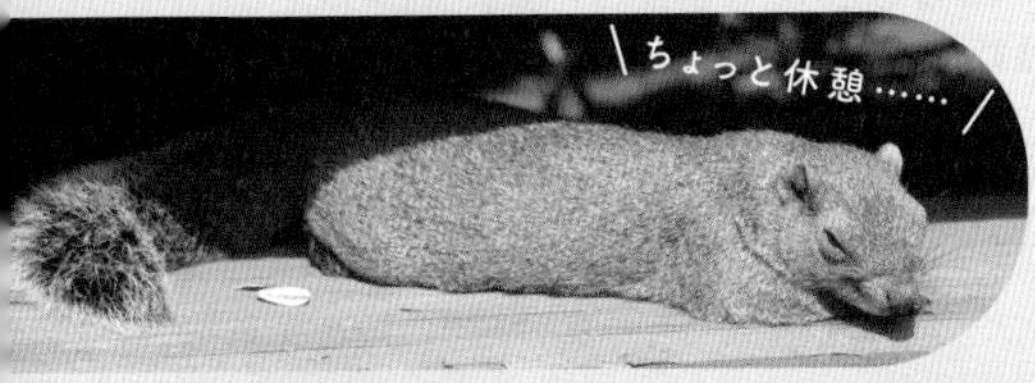

鳴き声

カラスやフクロウなどの鳥、ヘビなどが近付いてくると、鳴き声をあげて仲間に知らせます。「空からの敵」「地面からの敵」など、捕食者の種類によっていくつかの鳴き声を使い分けている、という説もあります。

キミもリスの仲間!?

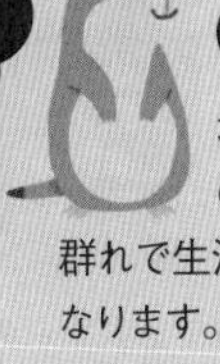

プレーリードッグ

北アメリカに分布するジリス(地上で生活するリス)の仲間で、地下にトンネルのような巣穴を掘ります。群れで生活するため、地下の巣穴はまるで町のような集合体になります。リスの仲間としては体が大きく、ネコと同じくらいの大きさになります。

ムササビ

ムササビは樹上で生活するリスの仲間ですが、滑空することで知られています。首から前足、前足と後足の間、後足と尾の間にそれぞれ「飛膜《ひまく》」と呼ばれる膜があり、それをパラシュートのように広げて高いところから飛び降りることで移動します。

シマリス

日本やユーラシア大陸に分布する、主に地上で生活するリスです。野生では、冬になると地下に長い穴を掘り、冬眠します。寒く厳しい自然環境にすむ種類のためなわばり意識が強く、かわいらしい見た目に反して仲間を攻撃することもあります。

ほおぶくろ

ほおの内側に、食べ物を運ぶためのほおぶくろがあります。食べ物は巣穴に持ち帰って後で食べたり、巣穴に保存して冬眠に備えたりします。雑食性で、木の実や果実のほかに昆虫やトカゲなどを食べることもあります。

体の模様

体毛は茶色で、背中に特徴的な黒い五本線があります。お腹の毛は白色です。

動き

とてもすばしっこく、地面を駆け回るのが得意です。また、木に登ったり、地上をジャンプしたりしながら移動することもあります。

町田リス園の意外な人気者!?「ジュンコさん」

「リス放し飼い広場」には、タイワンリスの他にも人気者がいます。それは、ケヅメリクガメのジュンコさん。園に来た当初、すっかりメスだと思い込んだ飼育員さんが「ジュンコ」と名付けたそうですが、じつはオスだったことが発覚。でも、本人は気にする様子もなく(?)、広場に自分で掘った穴で眠り、日が昇るとのっそり出てきて自由に歩き回っています。来園したときは、ぜひジュンコさんを探してみてください!

INFORMATION

町田リス園
https://www.machida-risuen.com/

〒195- 0071 東京都町田市金井町733-1　TEL 042-734-1001
●開園時間／10:00～16:00（4月～9月の日曜・祝日のみ10:00～17:00）※入園券の販売は閉園30分前まで
●休園日／毎週火曜日（※祝日の場合は開園、翌平日休園）
6月・9月・12月／第一火曜日～金曜日（園内整備）、12月27日～1月2日（年末年始休園）
●入園料／大人（中学生以上）400円、子ども（3才以上）200円
●アクセス／小田急線「町田駅」北口21番バス乗り場より「本町田経由野津田車庫行（55系統）」、または「鶴川駅行（53系統）」で約20分、「薬師池」下車。

ココもおすすめ!

モルモットにエサをあげよう!

町田リス園では、リスのほかにもさまざまな動物が飼育されています。なかでも人気なのが、約350匹いるモルモット。ニンジンやキャベツなどのエサをあげることができます。

クイズの答え　Q1：YES　Q2：YES　Q3：NO

知ると誰かに話したくなる!

その鍋《なべ》、ナンの鍋!?

【問題】

次の①から③は鍋料理の名前です。それぞれの主な材料はA~Cのどれでしょうか?

❶ 桜鍋《さくらなべ》　❷ 牡丹鍋《ぼたんなべ》　❸ 柳川鍋《やながわなべ》

冬が近付き、温かい鍋料理が美味しく感じられる季節になってきました。具だくさんの寄せ鍋やピリッと辛いキムチ鍋、ちゃんこ鍋にトマト鍋……。最近はスーパーでさまざまな鍋のスープが売られるようになり、家でもバラエティ豊かな味を楽しめるようになりました。皆さんのご家庭でも、そろそろ夕食に鍋料理が並ぶころではないでしょうか。

日本で昔から食べられている鍋料理のなかには、名前を聞いただけでは何を使った料理かわかりづらいものがあります。今回は、そんな鍋料理を3種類ご紹介します。

桜鍋

桜鍋は、馬肉をすき焼きのようにして食べる鍋料理のことです。長野県の伊那《いな》地方や熊本県、青森県には昔から馬肉を食べる文化があり、伝統料理として知られています。また東京でも、明治時代になると「牛鍋《ぎゅうなべ》」とともに桜鍋が流行しました。

桜鍋という名前の由来は、煮え始めた肉が桜のような美しいピンク色になるからとも、桜の季節になると馬肉がおいしいからともいわれ、さまざまな説があります。一般的な桜鍋の材料は薄切りにした馬肉や長ネギ、しらたきなどで、しょうゆやみりんに味噌を加えた割り下で煮て食べます。煮るといっても、東京ではお皿のように底の浅い鍋を使うことが多く、さっと火を通してすぐに食べられる〝ファストフード〟のような鍋として人気を集めたそうです。

牡丹鍋

「牡丹」は花の名前ですが、牡丹鍋はイノシシの肉を使った鍋のこと。肉の部分の赤い色と、脂の白色が美しいイノシシの肉を薄切りにして、お皿の上に牡丹の花びらのように並べることからこう呼ばれるようになった、といわれています。他にも、花札の6月の札に牡丹の花とイノシシが描かれているから、という説や、イノシシを古くは「シシ」と呼んでいたため、「唐獅子牡丹《からじしぼたん》」という言葉にちなんで名付けられた、という説もあるようです。

また、飛鳥時代に仏教が伝わってからの日本では、獣《けもの》の肉を食べることが避けられる傾向にあったため、桜鍋や牡丹鍋という風流な呼び方には、「馬鍋」「シシ鍋」という直接的な呼び方を避ける意味もあったのかもしれません。

牡丹鍋は、白菜やニンジン、大根、ゴボウなどの野菜とイノシシの肉を、濃いめのしょうゆや味噌仕立ての汁で煮込んだ鍋料理。兵庫県の丹波篠山《たんばささやま》地方が発祥の地として知られています。

柳川鍋

柳川鍋は、ドジョウを使った江戸生まれの鍋料理です。「ドジョウを食べるの!?」と驚くかもしれませんが、ウナギと同じように栄養が豊富で、しかもウナギよりも値段が安かったドジョウは、暑い夏に元気が出る食べ物として古くから親しまれていました。ちなみに、「ドジョウ」は俳句で夏の季語です。

「柳川鍋」という名前は、江戸末期にこの料理を売り出したお店の名に由来するとも、福岡県の柳川産の土鍋を使ってつくるからともいわれます。

ただし、ドジョウを使った鍋が全て柳川鍋、というわけではありません。柳川鍋は、開いて内臓を取り出したドジョウとささがきにしたゴボウを甘辛く煮て、卵でとじた料理。ドジョウ鍋のなかには、ドジョウを開かずにそのまま使ったものもあり、これは「丸鍋」「まる」と呼んで区別します。なお、すっぽん鍋も「丸鍋」と呼ばれることがありますが、これはすっぽんの甲羅が丸い形をしているからだそうです。

さて、それでは「ちゃんこ鍋」の由来は知っていますか?「おでん」はどうしておでんと呼ばれるのでしょう。このように、普段あまり気にせず食べている料理のなかにも、よく考えてみると「どうしてこの名前が付けられたんだろう?」と不思議に思えるものがたくさんあります。名前の由来や料理の歴史を調べてみると、思いがけない発見があるかもしれませんよ。

正解/❶B ❷C ❸A

今、世界が求めているのは「自らの解を発信できる人」。それは、大学受験で問われる資質でもあります。

早稲田アカデミー大学受験部には、知識や教養を体系的に学べるカリキュラムが整っています。目の前にある難問に対して、既知と未知を関連付けながら「自らの解」を導き出すという、「本質的な学び」を体感できる空間があります。

ハイレベルな仲間と机を並べ、互いに刺激し合いながら培った「学び力」は、やがて「未来を切り拓く力」へと昇華します。

学びのシステム

「わからない」をつくらない復習型授業

早稲田アカデミーの授業に、予習は必要ありません。なぜなら、新しい単元は講師が丁寧な「導入」を行い、生徒が理解したことを確認して「問題演習」に入るからです。もちろん、演習の後はしっかり解説。その日の学習内容を振り返ります。

また、毎回の授業で「確認テスト」を実施し、前回授業の定着度を測ります。理解を確かめながら"スモールステップ"で学習を進めるので、無理なく力を伸ばすことができます。弱点が見つかった場合は、必要に応じて講師が個別に学習指導。「わからない」を後に残しません。

予習不要
講師による丁寧な「導入」で理解を深め、「問題演習」へ進みます。

↓

担当講師による課題チェック
家庭学習や課題の取り組み状況も確認します。

↓

毎回の授業で行う確認テスト
確認テストで前回までの授業内容の理解度・定着度を測ります。

↓

弱点を克服するための指導
テストなどの状況によっては個別の課題を課し、弱点を克服します。

難関大学への高い合格率

※一般合格率約35%

2019年　早稲田アカデミーグループ大学入試現役合格実績

東京大学 75名合格

東大必勝コース文系1組に
継続して在籍した生徒※の東大合格率は約66%
※5月~12月まで継続した生徒

医学部医学科	早慶上智大	GMARCH理科大
106名合格	431名合格	608名合格

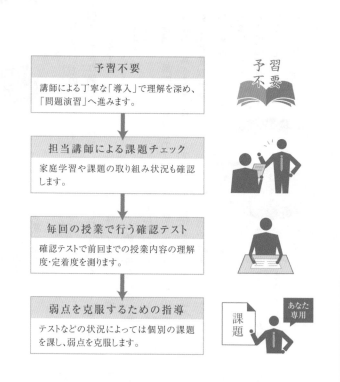

中1～中3
［中高一貫校生］
高1～高3

早稲田アカデミー大学受験部

早稲田アカ大学受験部

少人数だから生まれる“仲間意識”

1クラスの人数は平均15名。少人数だから、講師は生徒の顔や名前、志望校をきちんと把握したうえで授業を展開します。また、講師と生徒だけでなく、生徒同士が意識し合えるのも少人数制クラスの特長。名前だけでなく、互いの発言を通して得意分野や考え方がわかっているからこそ、授業以外でも、教え合い、学び合い、共に高め合うことができるのです。一緒に考え、刺激し合いながら切磋琢磨する仲間は、大学受験を最後までやり通す支えともなります。

講師と生徒がつくる〝ライブ〟授業

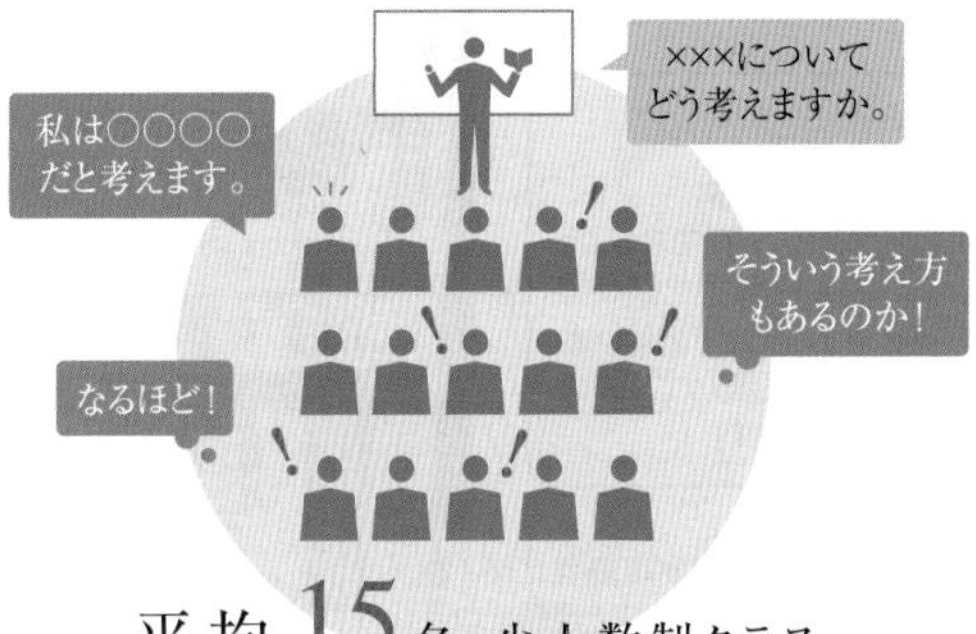

×××について
どう考えますか。
私は○○○○
だと考えます。
そういう考え方
もあるのか！
なるほど！

平均 15名 少人数制クラス

適度な緊張感	個別指導では得られない気付き	講師の目が行き届く少人数設定

世界に羽ばたく仲間とともに学ぶ

2019年 早稲田アカデミー大学受験部 在籍生

第13回
国際地学オリンピック
金メダル受賞

第60回
国際数学オリンピック
銀メダル受賞

第50回
国際物理オリンピック
銀メダル受賞

早稲田アカデミー 大学受験部

暮らしのアイデア教えます!

食事の準備や洗濯、塾の送り迎えにお弁当づくり……
毎日忙しく過ごすパパとママのために、少しでも役立つ暮らしのアイデアを提案します!

part 1. リビング学習のための収納スペース

毎日の学習はリビングで、というご家庭も多いのではないでしょうか。
お子様が使いやすく、片付けやすい収納方法をご提案します。

POINT 1
教科書・問題集
お子様の手に取りやすい高さに、学校の教科書や塾の問題集などを入れておきます。

POINT 2
辞書・辞典・本
調べ物がすぐにできるように、辞書や辞典を置いておきます。読んで欲しい本をさりげなく置いておくのもおススメです!

棚板が可動式になっている棚を選ぶと便利です!

POINT 3
毎日の持ち物
ハンカチやティッシュなど、学校に毎日持っていくものを置いておき、朝の準備をここだけで済ませられるようにしておきます。

POINT 4
ランドセル置き場
ランドセルの定位置を決めておきます。オープンラックに置くだけなので、お子様自身でスムーズにお片付けができます。

part 2. 鯖缶ドライカレー

缶詰で簡単にできるドライカレー。とろ〜り卵をトッピングすることで、まろやかな味になります。

【材料】4人分
鯖缶…1缶(水煮)
トマト缶(カットタイプ)…1缶
ミックスビーンズ…1缶
玉ねぎ(粗みじん切り)…1/2個
にんにく(チューブ)…1cm
生姜(チューブ)…1cm
クミンシード(なくても可)…少々
カレールー…2かけ
塩コショウ…適量
サラダ油…適量
※トッピング(お好みで)
半熟卵や、ゆで卵など

①フライパンにサラダ油を入れ中火で熱し、クミンシード、にんにく、しょうがを入れ、香りを立たせる。
②①に玉ねぎを入れ、軽く色づくまで炒める。

③②に鯖缶、トマト缶、ミックスビーンズを入れ中火で5、6分煮詰めていく。
④いったん火を止め、カレールーを入れ、混ぜて溶かす。再び点火し、中弱火で2分ほど煮詰める。塩・コショウで味を整える。

完成

⑤器にご飯と④を盛りつけて完成。

トッピングは、半熟卵やゆで卵がおススメです。

パパママQ&A

Q1 お子様の毎日の睡眠時間は8時間以上である。

Q2 我が家は共働きである。

Q3 お子様は人前で話すことが得意である。

1枚めくったFAX送信用紙にYESかNOのいずれかでお答えください。
集計結果は次号で発表します。

前号のパパママQ&A結果発表!!

Q1 お子様はニュースを見る習慣がある。

Q2 お子様が一人でつくることが出来るメニューがある。

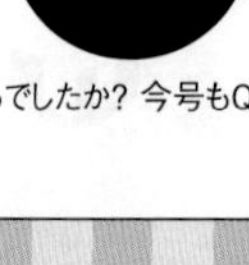

Q3 中学校の文化祭に3校以上行く予定である。

皆さんのご家庭は多数派・少数派どちらでしたか? 今号もQ&Aのご回答お待ちしています!

クイズ

クロスワードを解いて、□の文字を並び替えてみよう。どんな言葉になるかな？

クイズに答えてプレゼントをもらっちゃおう！

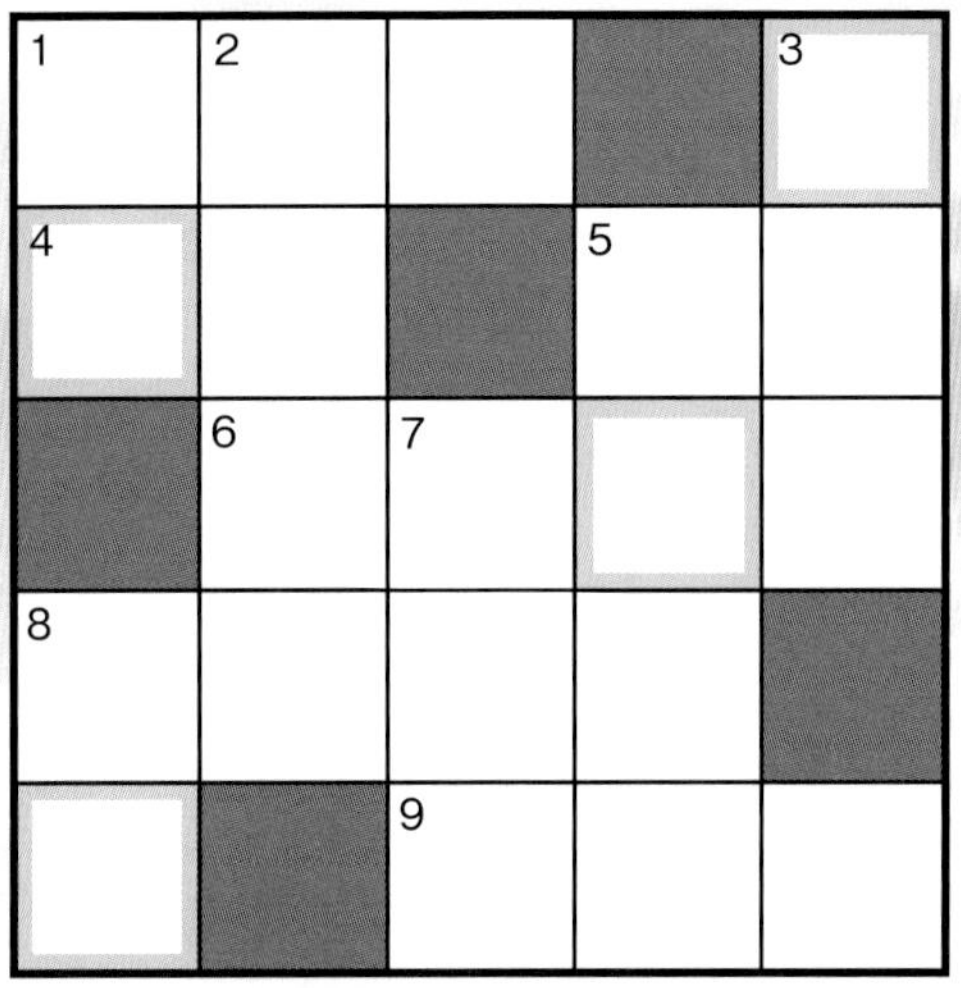

■たて
1. 地下深く穴を掘って、地下水をくみあげられるようにしたもの。
2. 大気中で放電することによって、光と音を発生する自然現象。大声で叱る様子を「〇〇〇〇がおちる」と表すことも。
3. 沖縄県で建物の屋根の上に設置されているのを見かけることが多い獅子の像。一般的に、向かって右側の口を開けているのがオス、左側で口を閉じているのがメスとされている。「〇〇〇ー」。
5. 「学ぶ」の「ぶ」、「明るい」の「るい」のことを何という？「〇〇〇〇な」。
7. 人体に必要なミネラルの一種で、元素記号はNa。「〇〇〇ウム」。
8. 立ち上がるときや、重いものを持ち上げるときのかけ声。「よい〇〇!」「どっこい〇〇!」

■よこ
1. 木材や竹などをつなぎ合わせ、水に浮かべて物や人を運ぶ乗り物。漢字で書くと「筏」。
4. 牌と呼ばれるこまを立てて並べて列をつくり、端にある牌を倒すことで連鎖して倒れる様子を楽しむ遊び。「〇〇ノ倒し」。
5. アルファベット順でNとPの間のアルファベット。
6. 『万葉集』に載せられた山上憶良《やまのうえのおくら》の歌により、ハギ・ススキ・クズ・ナデシコ・オミナエシ・フジバカマ・アサガオを秋の〇〇〇〇と呼ぶ。一般的に、セリ・ナズナ・ゴギョウ・ハコベラ・ホトケノザ・スズナ・スズシロの春の〇〇〇〇が有名。
8. りんご→ゴリラ→ラッパ→パンダ……のように続き、語尾に「ん」が付いたら負けのゲームは？
9. 利益と損害のこと。「〇〇〇が一致する」。

答えは1枚めくったFAX送信用紙に書いて、送ってね!!（ハガキ、封書、バーコードリーダーからでも構いません）

●9・10月号正解／やきいも

編集室のつぶやき

▶先日東京駅に行ったとき、プラレール専門店を見つけました。なんでもプラレールは、今年発売60周年を迎えたらしい。懐かしくなって店の中を覗いてみると、私が子どものころに夢中で遊んだ車両がたくさん。思わず、リニアモーターカーを買ってしまいました。（TK）

▶「サクセス動物園」が1周年！　毎号いくつもの図鑑を調べているうちに、私自身が大の動物好きに。「子どもたちに夢のきっかけを」という思いでつくっている『サクセス12』が、私にも「アフリカ大陸で野生動物を見る！」という新しい夢をくれました。（TH）

▶テレビ番組で、私たちの排出したプラスチックごみによってウミガメが怪我をしている様子を見ました。今でもその痛々しい映像が鮮明に蘇ります。「私学の図書館」では、海洋プラスチックごみについての本を紹介していますので、みなさんに読んでいただきたいです。（KO）

▶久しぶりに故郷に帰り、両親と小さな温泉地へ行きました。ゆっくりお湯につかると普段はしないような話もできて、とても癒される時間でした。寒さが厳しい季節になりますが、身体に気を付けて、いつまでも元気でいてほしいと思います。（HS）

▶行楽の秋。大学のゼミ仲間と、キャンプに出かけました。炭からの火おこしに苦戦すること2時間、やっとの思いで完成したカレーや焼き肉の味は格別！　帰りに東京の夜景を見ながら明日からも頑張ろうねと励まし合って、同郷の友人の存在に改めて感謝しました。（NI）

▶どんな習い事も真面目に続ける長男と、全ての習い事を半年以内にやめてきた次男。タイプの異なる2人ですが、4月から一緒に始めたバスケは兄弟で夢中に！　どっちが何点取ったなど張り合いながらも楽しそうな姿に、私もバスケ観戦にハマりそうです。（MS）

プレゼント

正解者の中から抽選で以下の賞品をプレゼント!!

文具セット 20名様

学校でも塾でも何かと必要になる文房具。ノートや鉛筆、消しゴムなどをセットにして20名様にプレゼント！

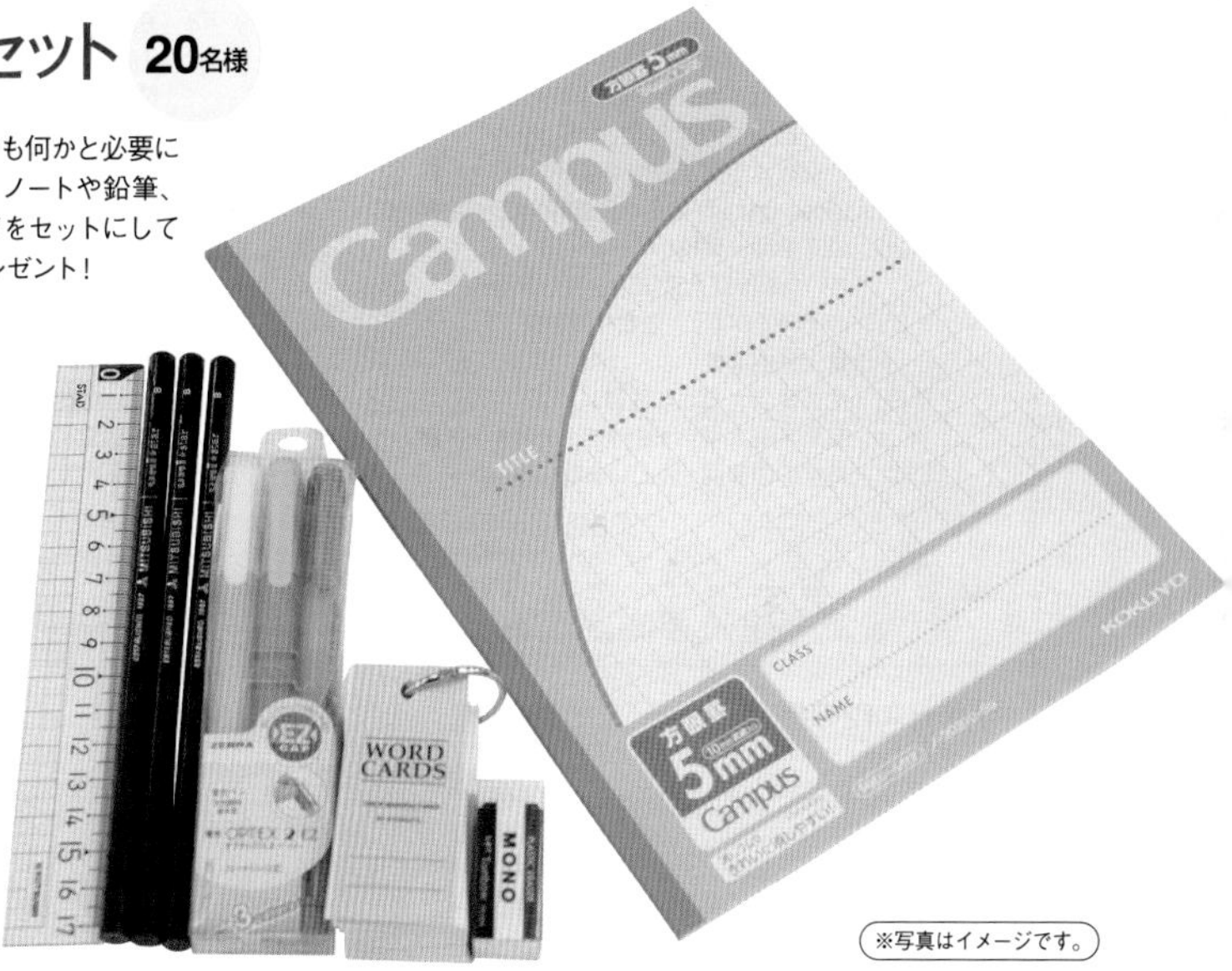

※写真はイメージです。

応募方法

●FAX送信用紙で
裏面にあるFAX送信用紙に必要事項をご記入の上、下記FAX番号にお送りください。

FAX.03-5992-5855

●バーコードリーダーで
スマートフォン・携帯電話で右の画像を読み取り、専用の入力フォームからお送りください。裏面のFAX送信用紙に記載されているアンケートにもお答えください。

●ハガキ・封書で
クイズの答え、住所、電話番号、氏名、学年、お通いの塾・校舎をご記入いただき、下記宛先までお送りください。また、裏面のFAX送信用紙に記載されているアンケートにもお答えください。サクセス12への感想もお待ちしています。
宛先／〒171-0022 東京都豊島区南池袋1-16-15 ダイヤゲート池袋9F
早稲田アカデミー本社広告宣伝部　『サクセス12』編集室

【個人情報利用目的】ご記入いただいた個人情報は、プレゼントの発送およびアンケート調査の結果集計に利用させていただきます。

【応募〆切】2019年11月30日（土）必着

当選者の発表は、プレゼントの発送をもってかえさせていただきます。

サクセス12　11・12月号　vol.81

編集長
喜多　利文

編集スタッフ
細谷　朋子
岡　清美
坂俣　春奈
池野　望
鈴木　麻利子

企画・編集・制作
株式会社 早稲田アカデミー
サクセス12編集室（早稲田アカデミー 内）
〒171-0022 東京都豊島区南池袋1-16-15

FAX送信用紙

※封書での郵送時にもご使用ください。

クイズの答え □□□□

氏名（保護者様）	氏名（お子様）	学年

現在、塾に	通っている場合
通っている　・　通っていない	塾名 （校舎名　　　　　　）

住所（〒　　　-　　　　）	電話番号
	（　　　　）

面白かった記事には○を、つまらなかった記事には×をそれぞれ3つずつ（　　）内にご記入ください。

（　）04 人と最先端の科学技術が大活躍！？ 大和ハウスグループが提案する次世代物流施設
（　）08 PREMIUM SCHOOL　武蔵中学校
（　）14 世の中のなぜ？を考える　社会のミカタ
（　）16 動物のことわざ・慣用句
（　）18 お仕事見聞録 株式会社オカムラ　砂口 和紀さん
（　）22 6年後、夢をかなえる中学校「夢中」 渋谷教育学園渋谷中学高等学校
（　）24 Close up！！　狭山ヶ丘高等学校付属中学校
（　）28 公立中高一貫校リポート さいたま市立大宮国際中等教育学校
（　）32 のぞいてみよう　となりの学校 富士見中学校
（　）38 全員集合　部活に注目！ 文京学院大学女子中学校「チアダンス部」
（　）42 私学の図書館～ただいま貸し出し中～
（　）44 子どもを伸ばす子育てのヒント㉝ 子どもに自信を持たせる方法
（　）48 親の悩み 子どもの本音
（　）50 要注意のスマホから子どもの目を守ろう
（　）52 親子でココロとカラダに効く呼吸法 「前屈のポーズ」で 朝はスッキリ、夜はぐっすり
（　）53 子どもたちは今　保健室より
（　）54 ココロのインタビュー 赤江珠緒［アナウンサー］
（　）58 倉田真由美のだめんず夫の子育て
（　）59 杉浦太陽のワクワク子育て食材 大根
（　）66 大人も子どもも本からマナブ
（　）72 森上展安の中学受験WATCHING
（　）78 NEWS2019「ノーベル賞」
（　）82 熟語パズル・問題
（　）88 親子でやってみよう　科学マジック
（　）92 疑問がスッキリ！ 教えて中学受験Q＆A
（　）96 熟語パズル・解答
（　）98 学ナビ！！　日本大学第三中学校
（　）99 学ナビ！！　明治学院中学校
（　）100 学ナビ！！　本郷中学校
（　）101 学ナビ！！　川村中学校
（　）102 私立中学の入試問題にチャレンジ
（　）106 福田貴一先生の福が来るアドバイス
（　）108 ふんわりほかほか温まる！中華まん大百科
（　）110 海外生・帰国生に関する教育情報
（　）112 サクセス動物園　リス
（　）115 その鍋、ナンの鍋！？
（　）118 暮らしのアイデア教えます！
（　）119 クイズ・プレゼント

FAX.03-5992-5855

FAX番号をお間違えのないようお確かめください

サクセス12の感想

パパママQ&A

Q1　お子様の毎日の睡眠時間は8時間以上である。　［ YES ・ NO ］
Q2　我が家は共働きである。　［ YES ・ NO ］
Q3　お子様は人前で話すことが得意である。　［ YES ・ NO ］

中学受験　サクセス12　11・12月号2019
発行／2019年10月31日 初版第一刷発行
発行所／(株)グローバル教育出版 〒101-0047 東京都千代田区内神田2-5-2 信交会ビル3F
編集／サクセス編集室 電話03-5939-7928

【個人情報利用目的】ご記入いただいた個人情報は、プレゼントの発送およびアンケート調査の結果集計に利用させていただきます。